語彙力を鍛える

量と質を高めるトレーニング

石黒圭

光文社新書

はじめに

言葉が思考を規定する

語彙《ごい》力と頭の良さとが関係があるというのは、経験的に知られていることです。

たとえば、「味噌《みそ》ラーメン」を「あじましラーメン」と読んだり「鬼怒《きぬ》川」を「おにおこ川」と読んだりするのを聞くと、多くの人が、その人の知性に不安を抱くでしょう。「廉価《れんか》」を「けんか」と読んだり「出納《すいとう》」を「しゅつのう」と読んだりするのを聞いたら、相手のビジネスパーソンは、成立しかけていた取引を控えたくなるのではないでしょうか。

問題なのは、漢字の読み方ばかりではありません。まわりの人に声をかけるときは、「今、暇?」よりは「今、手空いてる?」のほうが、気が利いているでしょうし、「明日、お時間ありますか?」と聞かれたときは、「明日は、残念ながら忙しくて」よりも「明日は、あいにく都合がつかなくて」と答えたほうが、大人にふさわしい、感じのよい返答になるでしょう。

人間の思考力を規定するのは言語力であり、言語力の基礎になる部分は語彙力に支えられています。そのため、語彙力は学力とも相関関係があり、語彙力の高い学生のほうが一般に成績がよく、そのあとの就活にも有利に働きます。就職をせずにブログやメルマガを使ってアフィリエイトで稼いでいる人であっても、集客のために語彙力は必須です。

しかし、そこで考えなければいけないのは語彙力の中身です。

言葉の数をたくさん知っていれば、それが語彙力につながるでしょうか。その答えはイエスでもあり、ノーでもあります。難しい言い方をすれば、言葉の数をある程度知っていることは、語彙力の必要条件ではありますが、十分条件ではないということです。

言葉の数をある程度知っていなければ、難しい文章が読めませんし、人に伝わる文章も書けません。また、限られた語彙で考えていると、思考の幅も狭くなります。その意味では、言葉の数をたくさん知っていることは必要です。

一方、言葉の数をたくさん知っていれば知っているほど、その人の思考力が豊かになり、人に伝わる文章が書けるかとなると、答えはノーでしょう。漢検は二級までは実用性があるように思いますが、一級になると実用性がぐっと下がります。一般に使われていない漢字ばかりが出題されるからです。

同様に、語彙についても、ある一定数までの語彙は不可欠です。二万語しか知らない人よりも五万語を知っている人のほうが、思考力が豊かになるというのは、ほぼ間違いないでしょう。しかし、五万語よりも十万語、十万語よりも二十万語知っていたほうがよいかというと、首を傾《かし》げざるをえません。数が多すぎると、それを管理する脳にも負担がかかりますし、そもそも自分が使えても、相手が知らず、伝わらない可能性が高まります。

つまり、ある程度のラインまでは知っておく必要はあるが、それ以上は趣味の世界というのが、漢字と語彙の共通点です。

また、言葉の数をたくさん知っているという「量」の面だけでなく、言葉をどのように知っているかという「質」の面も重要です。

もし、言葉だけを憶《おぼ》えたいのであれば、毎日辞書とにらめっこするのが有効でしょう。しかし、辞書だけでは語彙力は身につきません。本を読んだり人の話を聞いたりという、生きた言葉に触れることで語彙力は身につくのです。

魚に詳しくなりたい人が図鑑ばかり見ていても限界があり、海に出て実際の魚が泳いでいる姿を目にしなければ、魚の専門家になれないように、辞書を眺めているだけでなく、読んで、聞いて、自分で使ってみなければ、プロの語彙の使い手にはなれないのです。

本書は、語彙力を量と質の両面から探究する本です。語彙力をつけるために、一定の数の語彙を知っておくことは不可欠ですから、第一章で前提となる語彙の説明をしたのち、第二章で、語彙の数を増やすトレーニングを行います。

しかし、語彙の数だけ増やしても、語彙力はいずれかならず頭打ちになりますから、第三章で、語彙の質を高めるトレーニングを行います。この二つをセットにすることで、真の語彙力が身につくしかけになっています。

本書が考える語彙力は次の等式で示されます。

語彙力＝語彙の量（豊富な語彙知識）×語彙の質（精度の高い語彙運用）

語彙の量を増やし、語彙の質を高めて真の語彙力が身につけられるよう、どうぞ最後までお付き合いください。

語彙力を鍛える——量と質を高めるトレーニング——目次

第一章　語彙についての基礎知識

（一）語彙について考える

語彙とは何か――意味のネットワークでつながる語のリスト

語彙力をつける具体的な話に入るまえに、まず語彙とは何かを考えておきましょう。

語彙とは、語の集まりのことです。つまり、語彙は複数の語からなるもので、単語は語であっても、語彙ではありません。

また、語彙は語の集まりですが、語の集まりである辞書が語彙と呼ばれることはありません。語彙は語彙リストの形で紙にまとまっていることもありますが、通常は頭のなかにあると考えられます。頭のなかにある語のリストが語彙と言えるでしょう。

さらに、語彙は単なる語のリストではありません。頭のなかにでたらめに収納されているわけでもありませんし、単語帳のように五十音順に整理されているわけでもありません。意味のネットワークによって無数の語がつながる語のリストです。

意味のネットワークでつながっているからこそ、読むときに意味が呼びだしやすくなり、書くときに語形を呼びだしやすくなるわけです。「しりとり」というゲームが成立するということは、本来は頭のなかで五十音順に整理されていない証拠です。

語とは何か――内容語と機能語、語彙力と文法力

つぎに、語そのものについて考えてみましょう。

語は、内容語と機能語に分けて考えるのが一般的です。

内容語は、名詞・動詞・形容詞など、実質的な意味を持つ語であり、日本語の場合、漢字や片仮名で表されることが多い語です。一方、機能語は、助詞、助動詞、感動詞、接続詞など、文法的な機能を持つ語であり、平仮名で表されることが多い語になります。

内容語を扱う能力は語彙力と呼ばれ、機能語を扱う能力は文法力と呼ばれます。語彙力と文法力は車の両輪であり、この二つがそろって初めて、スムーズな言語運用が可能になります。文章を読む力である読解力や、文章を書く力である文章力をつけたいなら、車の両輪である語彙力と文法力を鍛《きた》える必要があります。

しかし、文法力はさほど鍛える必要がありません。というのは、日本で生まれ育った、日

本語を第一言語とする人であれば、文法力は自然と身についているからです。外国語を学ぶ場合は難しい文法に手こずるものですが、日本語ならば頭のなかで自動化されているので簡単です。

また、機能語は無限にあるわけではなく、数が限られているので、記憶の負担も軽くなります。たとえば、動詞との格関係を表す格助詞であれば、「が」「を」「に」「へ」「で」「と」「から」「より」を憶えておけば十分です。

一方、語彙力は一生にわたって鍛える必要があります。たとえば、大学に入ればアカデミックな分野の語彙を憶える必要がありますし、社会人になればビジネスで使う語彙を憶える必要が出てきます。新たに趣味を始めれば、その趣味に関わる語彙を憶える必要があるわけです。

ネイティブ・スピーカーならば、文法力にあまり差はないでしょうが、語彙力には大きな差があります。読書が趣味の人や毎日ブログを書いている人は、文章を読んだり書いたりするなかでつねに語彙力を鍛えており、必要におうじて言葉の意味や用法を調べる習慣がありますので、そうでない人との差はかなり開いていると考えられます。

こうしたことを踏まえ、本書で語と呼ぶ場合、機能語ではなく内容語を指し、名詞・動詞・形容詞のうち、とくに名詞を中心に議論することにします。

語の三角形——語形、意味、対象

語を名詞に限ってさらに詳しく考えてみましょう。名詞の場合、説明しやすいのは具体名詞です。そこで、「犬」を例に取ります。

道を散歩している柴犬《しばいぬ》を見て、子どもが母親に、

「あっ、イヌ！」

と言ったとしましょう。その場合、以下のようになります。

語形（音声／表記）——「イヌ」という音（書き言葉では「犬」という文字）
意味（概念）——四つ足で歩き、ワンワン鳴く動物
対象（実物）——道を散歩している柴犬

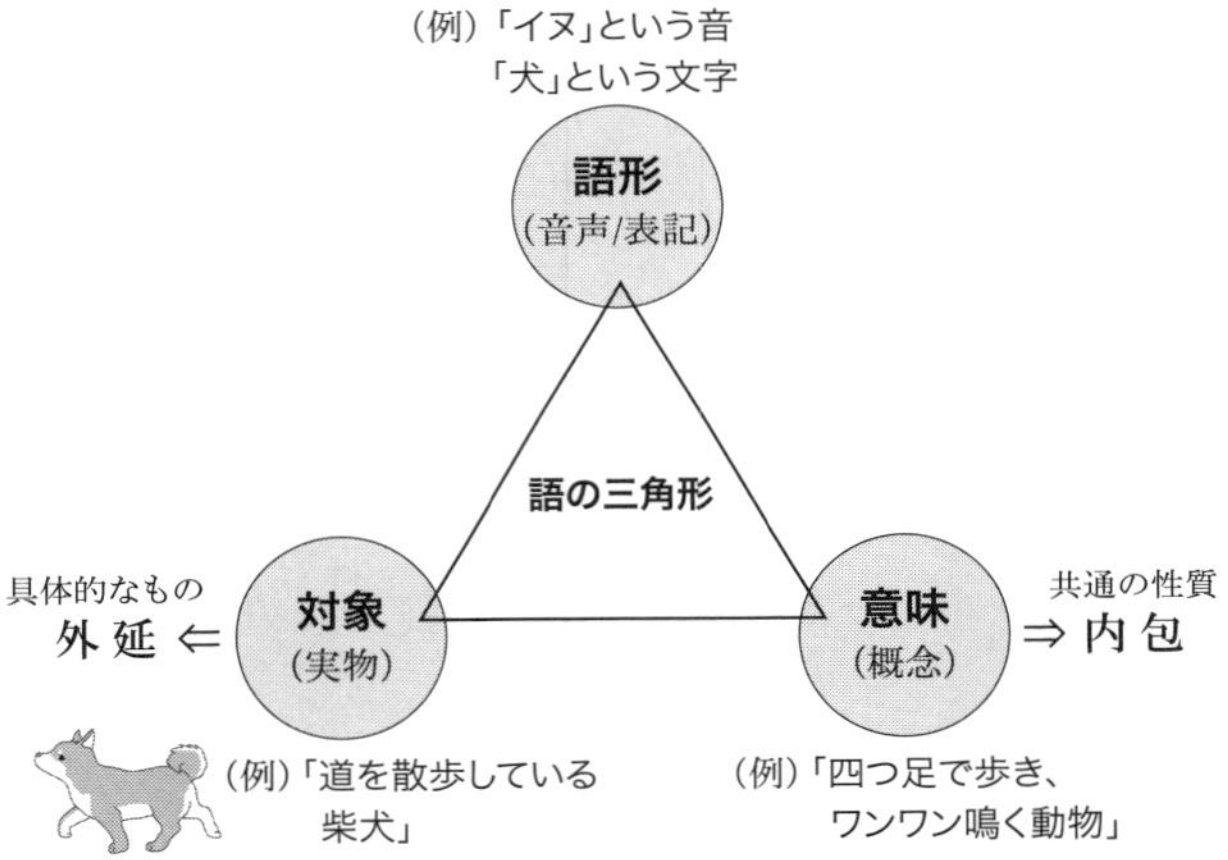

図１-１　語の三角形（語形、意味、対象）

ここで大切なのは、語とは、語形「イヌ」と意味「四つ足で歩き、ワンワン鳴く動物」の対《つい》からできていること、そして、語形と意味からできている語が、ある対象を指しているということです。

語形に対応する意味のことを内包《ないほう》といいます。内包というのは語の概念、すなわちその語が共通して持っている性質のことで、辞書に載っている意味記述をイメージすればよいでしょう。

たとえば、子どもが母親に、

「小学校に入ったらイヌを飼いたい」

と言ったとします。

この場合、対象はあくまでも、概念である「四つ足で歩き、ワンワン鳴く動物」であり、「道を散歩している柴犬」という実物ではありません。

一方、語形にたいする実物のことを外延《がいえん》といいます。外延というのは、語の指す具体的な対象のことで、「図鑑に載っている秋田犬」「ペットショップのガラスケージのなかにいるチワワ」「道を散歩している柴犬」「となりで飼われている雑種のポチ」といった固有の対象を指します。

「あっ、イヌ！」

という、先ほどの例の「イヌ」も、外延に焦点が当たっています。

つまり、一口に「イヌ」と言っても、指す対象は、イヌ一般という内包のことも、特定のイヌという外延のこともあるわけです。

固有名詞や指示語（これ・それ・あれ）は外延しか持ちませんが、普通名詞はつねに内包と外延のいずれかを問題にする可能性があり、その意味で多義的です。

（二）理解語彙と使用語彙

表現と理解

さて、子どもが、道を散歩している柴犬を見て母親に言った、

「あっ、イヌ！」

の例に戻ります。

じつは、子どもにとっての「イヌ」と、母親にとっての「イヌ」の認識の順序は異なります。

子どもにとっての「イヌ」の認識は、①「道を散歩している柴犬」という対象を見て、②「四つ足で歩き、ワンワン鳴く動物」だと判断し、③その意味に結びつく語形「イヌ」とい

う音声を発した、という順序になります。

一方、母親にとっての「イヌ」の認識は、①子どもの発した「イヌ」という音声を聞き、②その語形に結びつく意味「四つ足で歩き、ワンワン鳴く動物」がいると判断し、③「道を散歩している柴犬」という対象を確認する、という順序になるわけです。

子どもはイヌという語を表現し、母親はイヌという語を理解しますが、表現の認識は、対象→意味→語形という順序に、理解の認識は、語形→意味→対象という順序になります。

表現と理解では、このように認識の順序が異なり、それによってさまざまな差異が生じます。語彙力を考える場合、表現と理解とは区別して考えたほうがよさそうです。

理解語彙――聞いたり読んだりしたときに理解できる語

理解をするときに参照する頭のなかの語彙のリソースは、理解語彙と呼ばれます。聞いたり読んだりしたときに、語形から意味を呼びだせる語の総体が理解語彙です。

一方、話したり書いたりするときに使える語の総体は、使用語彙と呼ばれます。

語彙力を考えるときには、理解語彙と使用語彙に分けて考えたほうが合理的です。その性格がかなり異なるからです。

理解語彙の特徴について、三つ挙げておきましょう。

一つ目は、理解語彙は使用語彙よりもその数がはるかに多いということです。自分では使ったことはないけれども、意味はわかる語彙、というのは、案外多いのではないでしょうか。たとえば、「わたし」「わたくし」「うち」「ぼく」「おれ」「自分」「おいら」「おら」「わし」「我が輩」「拙者《せっしゃ》」など、一人称表現はあまたあり、おそらくそのすべてが理解語彙だと思いますが、読者のみなさんが日常的に使っているのは、このうち数個に限られるはずです。

不等号で表すと、つねに

理解語彙数 ＞ 使用語彙数

であり、人間が語彙を習得するときには、かならずまず理解語彙になって、それから使用語彙になるという順序で進みます。

したがって、語彙力を高めるには、語彙のインプットを増やすことが必要条件です。そのための有力な方法は多読です。自分が興味を持つさまざまな文章を読むことで、自然に理解語彙数が増えていきます。読書は脳内の理解語彙数を増やし、それが新たな理解や思考、さらには表現の材料になるわけです。

理解語彙の二つ目の特徴は、語形の記憶があいまいであったり、語形と意味の結びつきがおぼろげであったりしがちだということです。

たとえば、「なおざり」と「おざなり」の違いは使用語彙では重要で、書くときにはその区別をしっかりできていなければなりません。「なおざりにする」は、何もしないことであり、「おざなりにする」は、適当に済ませることです。「環境対策をなおざりにする」であれば、何もしないで放置することであり、「家事をおざなりにする」であれば、手を抜いて適当にしかやらないことです。

このように、「なおざり」と「おざなり」は、表現するときには微妙な使い分けがありますが、理解するときにはその微差に気づかなくてもあまり問題ありません。両方とも「対処がいい加減だ」という点では共通しており、そのレベルで理解しても、理解は十分に成り立つからです。このように、理解語彙の場合は、語の意味が正確にわからなくても何とかなってしまう面があります。

そこで、理解語彙を増やすためには、語彙の細かいニュアンスの差にこだわらず、だいたい同じ意味を表すもの、すなわち、類義語のレパートリーを増やすことが重要です。類義語を増やす方法は第二章で詳しく紹介します。

理解語彙の三つ目の特徴は、頭のなかに定着しておらず、語形から意味を想起できない未知語であっても、意味に結びつく手がかりがあれば、そこから類推《るいすい》して理解語彙になる可能性があるということです（窪薗二〇〇二）。

たとえば、私は以前、大阪の高校生と話しているときに、初めて「きしょい」という言葉を聞きました。初めて聞いたにもかかわらず、その意味がすぐにわかりました。それは「きもい」という言葉を知っていたからです。「気持ち悪い」を「きもい」と略すのだから、「きしょい」は「気色悪い」の略だろうと想像がつきました。これは、語構成を生かした類推の例です。

また、私は「自撮《じど》り」という新語を、見たことも聞いたこともほとんどありませんでしたが、雑誌の記事で初めて見たとき、意味は一目で理解できました。漢字から考えて「自分を撮影すること」であり、きっと観光地で若い人たちが、スマホを自分に向けて撮影しているあの姿が「自撮り」なんだろうと見当がついたわけです。これは、漢字を生かした類推の例です。

さらには、「リケジョに続け〝ドボジョ〟国交省が五年で倍増方針」というテレビ朝日のニュースを見たときに、「ドボジョ」という語に初めて出会いました。「ドボジョ」が片仮名で書かれていたにもかかわらず、意味がすぐに理解できたのは、「リケジョに続け」という表現が直前にあったからです。「リケジョ」が理系女子であることは知っていましたので、「ドボジョ」は土木女子のことだろうと思ったわけです。しかも、直後に「国交省」があり、その前身が建設省であることを考えると、これは間違いないだろうと思いました。これは、文脈を生かした類推の例です。

知らない言葉をいきなり使用語彙にすることはできません。知らない言葉を話したり書いたりはできないからです。しかし、手がかりさえあれば、知らない言葉に出会ったとき、その意味を類推して理解語彙にすることはできます。そもそも私たちは、日本語の語彙を、赤ちゃんのころから辞書を引いて学んできたのではありません。使われている状況や文脈からこんな意味だろうと類推して理解し、何度か出会ううちにその意味に確信が持てたら自分でも使ってみる。その繰り返しで日本語の語彙を習得してきたわけです。類推というのも、理解語彙を増やすのに有力な方法です。

使用語彙――話したり書いたりするときに使える語

さて、今度は使用語彙の特徴について見ていくことにしましょう。使用語彙の特徴も、やはり三つほど挙げられます。

一つ目は、使用語彙は理解語彙よりもずっと少ないということです。これは、理解語彙のところですでに述べたのでおわかりでしょう。

理解と表現にはいろいろな差がありますが、もっとも大きい差の一つに速さがあると思います。それは書き言葉の場合に顕著です。

私が本書を書くのに、二〇〇時間前後かかっています。それを読者のみなさんが、かりに四時間で読みおえたとすると、表現に理解の五〇倍の時間がかかっている計算になります。表現のほうがそれだけ負担が大きいのです。

すでに書かれている言葉であれば、読み手はその意味を一目で理解できますが、書き手が自分の思いを言葉にする場合には、その何倍も時間がかかります。自分の考えに合う言葉がそんなに次々と都合よく浮かんでくるわけではないからです。

語形から意味を経て、読み手が書き手のメッセージに辿《たど》り着くのに時間はさほどかかりませんが、書き手が自分のメッセージを、意味を経て読み手に伝わる語形に絞《しぼ》りこむのにはかなりの時間と試行錯誤を要します。理解のほうは大ざっぱでも何とかなりますが、表現のほうは、つねに高い精度で処理をしなければなりません。そのため、自信を持って使える語でないと表現には使えず、そうした語の数はどうしても限られてくるわけです。

使用語彙の特徴の二つ目は、語形が正確であるだけでなく、語形と意味の結びつきも明確であることとです。言い換えるならば、類義語のニュアンスの微差を踏まえて、適切な語形を選択しなければなりません。

もちろん、私たちはいつも適切な選択ができているわけではありません。私が以前大学で働いていたときに、試験監督マニュアルに以下のように書かれているのを見て、一瞬理解が止まってしまいました。

・試験監督者にはお弁当を配付します。

私の語感では、「配付する」（一人ひとりに手渡す）にしても、「配布する」（多くの人に行きわたるように配る）にしても、「配付／配布」の対象は書類です。チラシや案内、アンケートや資料であればよいと思うのですが、「お弁当を配付」されても困るなあと正直思いました。

入試の時期ですので、問題用紙・解答用紙を配るということが頭にあって、そうした語の選択になったのだろうと想像しますが、読み手に違和感を与える語の選択は避けたほうがよいでしょう。

ここでは、「（お弁当を）配ります」「手渡します」なども考えられるでしょうが、私なら「用意します」「準備します」を使いそうです。事務担当者からかならず渡すとはかぎらず、試験監督控え室に置いておいて、取りに来てもらう可能性が高いからです。

使用語彙の特徴の三つ目は、使われる環境との調和を考慮するということです。たとえば、話し言葉と書き言葉の違いを考えた場合、話し言葉で、

近年さあ、火災で死亡する高齢者の急増が懸念されるなあ。

などと言うのはこっけいで、

最近さあ、火事で亡くなるお年寄りが増えているみたいで心配だなあ。

というのが自然です。

使用語彙では、読み手に違和感を与えないことが重要で、読み手の知識や文脈、感情などに配慮することが求められます。

このように、理解語彙と使用語彙とでは、その性格がかなり異なります。これ以降、とくに理解語彙と使用語彙とに分けて論じることはしませんが、各章のそれぞれの項目を読むさいに、理解語彙、使用語彙のいずれの話をしているのかを意識していただくと、内容の理解がいっそう深まると思います。

第二章　語彙の「量」を増やす

さて、ここからいよいよ、語彙力をつける方法について考えます。「はじめに」で示した語彙力の等式を思いだしてください。

語彙力＝語彙の量（豊富な語彙知識）×語彙の質（精度の高い語彙運用）

この第二章では、この等式の前半、すなわち語彙の量を増やし、豊富な語彙知識を身につける方法を考えます。

最初にご紹介するのは、語の意味の体系性に注目し、語彙のネットワークを鍛える方法です。新しい語彙を一つひとつ憶えるよりも、すでに頭のなかにある語彙との関連で憶えたほうが効率的であり、かつ忘れにくくなります。似た意味の語である「①類義語」、反対の意味の語である「②対義語」、その語の上位・下位に位置する「③上位語と下位語」の三つの観点を駆使して、脳内の辞書に語彙の網の目を張りめぐらせる方法を考えます。

つぎにご紹介するのは、語形を活用する方法です。

日本語の場合、文字を意識することで語彙の使い分けにたいする感度が高まります。和語・漢語・外来語という「④語種」、平仮名・片仮名・漢字という「⑤文字種」という二つの観点から、文字に注目して語彙を増やす方法を考えます。

三つ目は、文体情報を活用する方法です。

語彙は使われる環境によって、出現に偏《かたよ》りが見られます。文体情報は多岐にわたります（宮島一九九四）が、音声・文字のどちらに表れやすいかという「⑥話し言葉と書き言葉」、どのような対象・内容を表すかという「⑦日常語と専門語」、地域による違いである「⑧標準語と方言」、時代による違いである「⑨新語と古語」といった観点から、語彙のバリエーションを増やす方法を考えます。

四つ目は、経験を活用する方法です。言葉は内容を表すものなので、知識という言葉の海ばかり泳いでいても、生きた語彙は身につきません。多様な経験をすれば、語彙もまた増えます。「⑩実物」として取りあげます。

最後は、語の成り立ちを活用する方法です。語は形態素という、意味の最小単位の組み合わせでできています。その組み合わせの仕組みがわかれば、そこから語彙を増やすことができます。「⑪語構成」で取りあげます。

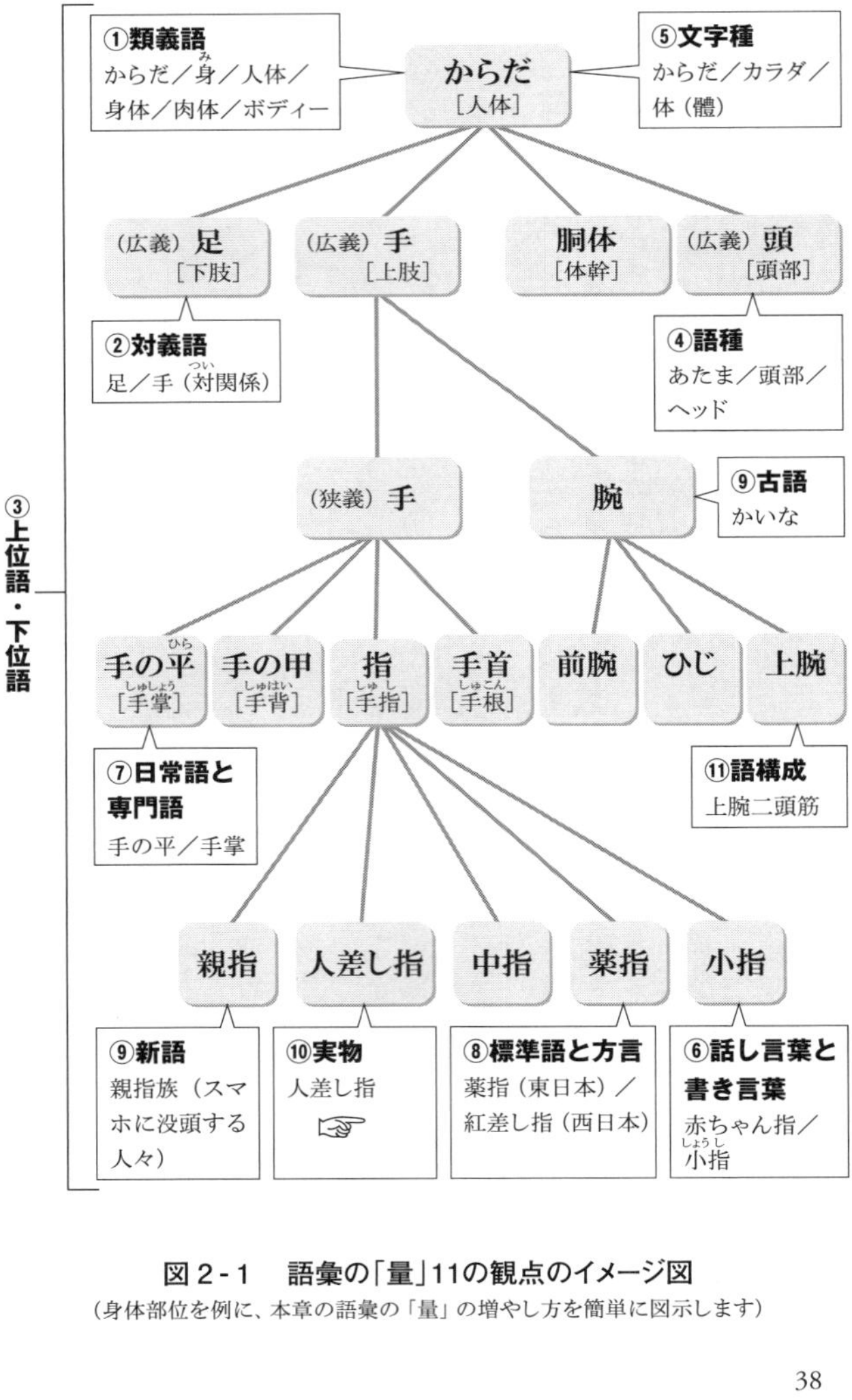

図2-1　語彙の「量」11の観点のイメージ図

（身体部位を例に、本章の語彙の「量」の増やし方を簡単に図示します）

以上、本章では「①類義語」「②対義語」「③上位語と下位語」「④語種」「⑤文字種」「⑥話し言葉と書き言葉」「⑦日常語と専門語」「⑧標準語と方言」「⑨新語と古語」「⑩実物」「⑪語構成」という計十一の観点から、頭のなかの使える語彙のレパートリーを増やすことを目指します。

（一）類義語を考える

自分の言葉に満足できないとき

語彙を増やす方法の第一は、「類義語を考える」です。

類義語とは、意味の似た言葉です。同義語という言葉もありますが、完全に意味が一致する別語はなかなかありません。語形が違う以上、意味がずれることがほとんどですので、本書では、意味がだいたい同じであることを表す「類義語」を採用することにします。

類義語を知っているとよいことがあります。それは、適切な語彙が選べるようになるということです。ある対象を表すのに一つの語しか知らないと、対象を表す精度が下がってしまいます。しかし、類義語という複数の候補を比較してよりよい語が選べると、それだけ言葉に説得力が生まれます。

また、文章を理解するときにも、類義語を知っていると、あやふやにしか知らない語でも、おおよそこの語に似た意味だろうという見当をつけることができます。難しい語を易しい類義語に置き換えて理解できるようになると、読解力は確実に向上します。

類義語を考えたくなる瞬間があります。それは、今使っている言葉では満足できないときです。たとえば、今使っている言葉があまりにも単純で、そのまま表現するのが気恥ずかしく考えられるときがそうです。

私はしばしば大学院生に、彼らが書いた論文を読むように頼まれることがあります。そんなとき、こんな返信をします。

・すみませんが、今週は忙しくて、論文を読む時間がなさそうです。

わかりやすい日本語であり、これで読み手には十分伝わるのですが、日本語を専門とする教師として、あまりにも芸がない文面です。

そこで、「読む」の部分を別の動詞に変えてみることにします。ただ、「読む」を「見る」にしてみても、「読む」と同じくらい単純でおもしろくありません。そこで、「見る」をひとひねりして、「目を通す」にすることにします。

しかし、それでも満足できません。そこで、大学院生の論文を読んで、自分はいったい何をするのかを考えてみます。論文を読んで、表現や内容をチェックするのが自分の仕事であることに気づき、それを書きくわえることにします。

・すみませんが、今週は忙しくて、論文に目を通して、表現や内容をチェックする時間がなさそうです。

となります。

「チェックする」のかわりに、「確認する」「修正する」「手を入れる」「検討する」などでもよいでしょう。こんな感じで推敲《すいこう》することができます。

使っている言葉がしっくりしないとき

類義語を考えたくなる瞬間はほかにもあります。使われている言葉がしっくりいかないときです。

たとえば、２０２０年の東京オリンピック・パラリンピックを控え、「オリンピック対策」という言葉を見かけるようになりました。世界各地からさまざまな人がおおぜいやってきますので、会場周辺の混雑対策や、夏の暑さ対策、テロなどへの安全対策なども必要になるのだろうと思って、記事を見てみますと、「オリンピック対策」の中身は、合宿所や観光客の誘致であったり、地域の振興や活性化であったりするのです。

「対策」というと、深刻な問題が予想される場合にする処置のことです。しかし、「オリンピック対策」が、よい成果を挙げるための積極的な対応策だとすると、意味がややずれるようです。

「対策」に相当するよい二字漢語はなさそうで、しいて言うなら「オリンピック準備」くらいでしょうか。しかし、むしろここでは、「オリンピック活用策」「オリンピック振興戦略」のような言葉のほうが、はっきり内容が伝わりそうです。

よい言葉を見つけるのはなかなか難しい作業ですが、使っている言葉がしっくりしないと直感的に感じたら、それに優《まさ》る言葉をあれこれ模索することが必要です。

検索で探す言葉が見つからないとき

さらにもう一つだけ、類義語を考えたくなる瞬間を挙げておきましょう。それは、検索のさいに自分の探している言葉が見つからないときです。

たとえば、高校時代のクラスメートが急死し、お葬式に参列するのにいくらぐらい包んだらよいか、わからなかったとしましょう。そんなとき、インターネットで検索するキーワードとして二語打ちこめるとしたら、どんな語を打ちこんだらよいでしょうか。

ここでは「葬式」「金額」にしてみたとします。その結果、必要な情報に辿り着くことはできますが、二種類の情報が出てきます。一つは、今回知りたかった、お葬式のさいに持参する金額、もう一つは、遺族がお葬式を出すときにかかる金額です。

結論から申しますと、適切なキーワードは「香典」「相場」です。これで必要な情報が確実に入手できます。ちなみに、遺族がお葬式を出すときにかかる金額の目安を知りたい場合は、「葬儀」「費用」が適切です。

以前であれば、適切なキーワードが思いつかなかった場合には、行きたい情報に辿り着けないということが多かったのですが、最近は検索の精度が上がり、そうしたことが少なくなりました。

たとえば、「お葬式に参列するのにいくらぐらい包んだらよいか」という一文をそのままGoogleに入れても、「香典」「相場」ほどではありませんが、そこそこ必要な情報は得られます。むしろ、そこで大切なのは、「お葬式に参列するのにいくらぐらい包んだらよいか」という検索結果から、「香典」「相場」というキーワードがわかるということです。

つまり、Googleをはじめとする検索エンジンは、自分が知りたい類義語を教えてくれる役割を持っているわけです。

類義語を探すときのもう一つの武器は類語辞典です。一般の国語辞典は、文章を読んでいて難しい言葉に出会ったとき、その意味を調べる理解辞典であり、語形が五十音順に並んでいます。これにたいして、類語辞典は、文章を書いているときに、文脈に合ったよりよい言葉を探したいときに使う表現辞典であり、語形が意味のカテゴリ順に並んでいます。

たとえば、類語辞典で「仕事」を調べると、「労働」の意味では「勤労」「業務」「事務」「雑務」「苦役」「作業」「働き」「手間」などが並び、「職」の意味では「職業」「天職」「生業」「稼業」「請負」「ビジネス」「パート」「アルバイト」などが並んでいます。そこで、意味の説明や例文を比較しながら、文脈にふさわしい言葉を自分で選ぶことになります。

類語辞典は、国語辞典を出している大手出版社であればだいたい刊行しており、競争の激化につれ、その質もよくなってきています。大きな書店でいくつか手に取り、それらを比較しながら自分に合ったものを一冊は手元に置いておくことをおすすめします。

（二）対義語を考える

対義語と類義語はきょうだい

語彙を増やす方法の第二は、「対義語を考える」です。

似た意味を表す類義語とは対照的に、対義語は反対の意味を表す言葉です。反対語や反義語とも呼ばれます。

対義語は、「内」と「外」、「大きい」と「小さい」、「笑う」と「泣く」のような対立関係、「男」と「女」、「歩く」と「走る」のような対《つい》関係、「可能」と「不可能」、「完成」と「未完成」のような否定関係の三つに分けて考えられます。

対義語と類義語はじつは似たものどうしで、きょうだいのような関係にあります。「内」と「外」は仕切られた空間を問題にし、書き手がそこにいれば「内」、いなければ「外」という違いがあるだけです。「大きい」と「小さい」はいずれも大きさを問題にし、ベクトルの向きだけが違い、「笑う」と「泣く」はいずれも感情表出を問題にし、その感情がプラスかマイナスかだけが異なります。「男」と「女」は同じ人間であり、二十三番目の染色体がXX染色体か、XY染色体かだけの違いであり、「歩く」と「走る」も脚を使った移動を表し、その速さに違いが見られるだけです。

対義語で語彙のネットワークを意識する

対義語を考えることは語彙力強化につながります。その理由を三つほど示しましょう。

一つ目として、対義語を考えると、頭のなかの語彙のネットワークが意識され、記憶への定着力が高まることが挙げられます。それは、外国語、とくに形容詞を憶えるときに、多くの方が経験済みでしょう。

次の語の対義語を考えてみてください。

①細かい　⇕［　　　］　②破壊的　⇕［　　　］
③生産　⇕［　　　］　④節約　⇕［　　　］
⑤けち　⇕［　　　］　⑥個室　⇕［　　　］
⑦貸切バス　⇕［　　　］　⑧路線バス　⇕［　　　］
⑨建売住宅　⇕［　　　］　⑩つめこみ教育　⇕［　　　］

①「細かい」の対義語は「粗《あら》い」です。漢字もポイントで、「荒い」だと対義語は「穏やか」になってしまいます。また、性格に意識が向いた人は「粗い」ではなく「大ざっぱ」を考えたかもしれません。

②「破壊的」の対義語は「創造的」です。「壊す」と「創る」の組み合わせは向きが正反対です。気づきにくいのですが、「建設的」も有力です。「破壊的」と「建設的」の対は、建物にたいしてよりも、発想や議論においてよく使われます。「建設的」の類語である③の「生産」が目に入って、「生産的」と考えた人がいるかもしれません。それもまたよいでしょう。

③「生産」の対義語は「消費」です。「生産」と「消費」という対関係の対義語は経済学

でよく出てきますし、生物学の生態系の「生産者」と「消費者」でも問題になります。
④「節約」の対義語は「浪費」です。無駄をできるだけ省く「節約」と、無駄に使ってしまう「浪費」の対になっています。「浪費」ほどぴったりした対義語ではありませんが、「無駄使い」や「ぜいたく」なども考えられるところです。
⑤「けち」の対義語は「気前のいい」です。何でもおごってくれる、金離れのよい人です。「金持ち」を考えた人もいるかもしれませんが、「金持ち」で「けち」な人は少なくありません。むしろ、「けち」だからこそ「金持ち」になれるのかもしれません。
⑥「個室」の対義語は「大部屋」です。居酒屋などで「個室」というと、一人だけというよりも、仲間内だけでという意味になり、その場合の対義語は「相部屋」になるでしょう。
⑦「貸切バス」の対義語は「乗合《のりあい》バス」です。ふつうに「バス」と言えば「乗合バス」のことを指しますので、あらためて区別を聞かれると難しいでしょう。ちなみに、釣り船で「乗合船」にたいする貸切船は「仕立船《したてぶね》」といいます。
⑧「路線バス」の対義語は「観光バス」です。「高速バス」という考え方もあるかもしれませんが、「高速路線バス」もありえますので、ここでは「観光バス」を正解としておきます。
⑨「建売住宅」の対義語は「注文住宅」です。「注文住宅」という名前から考えて、自分

のライフスタイルに合うように注文して設計してもらう「オーダーメイド」の住宅であることがわかります。そう考えて初めて、「レディーメイド」の住宅である「建売住宅」の意味も明確になります。

⑩「つめこみ教育」の対義語は「ゆとり教育」です。「ゆとり世代」などと評判が悪かった「ゆとり教育」ですが、「ゆとり教育」を止めると、結局「つめこみ教育」に戻ってしまうのかと思うと、「ゆとり教育」がほんとうに悪かったのだろうかという疑問が生じます。「つめこみ教育」と「ゆとり教育」のあいだを行ったり来たりするだけなのであれば、そのはざまで揺れる子どもたちが被害者になってしまいそうで、気の毒な気がします。

対義語でもとの語の意味理解を深める

対義語を考えることの意義の二つ目は、対義語を考えると、もとの語の意味理解が深まることです。

対義語を考えると、その語が多義語であることに気づきやすくなります。「高い」「薄い」「冷たい」の対義語を考えてみてください。「高い」の対義語は「低い」と「安い」があり、高さと値段の両方を問題にしていることがわかります。同様に、「薄い」の対義語は「厚い」

と「濃い」、「冷たい」の対義語は「熱い」と「優しい」です。

「静か」の対義語は「うるさい」と「にぎやか」のように思えますが、違う見方もできそうです。「静か」の対義語は「うるさい」のみとし、「にぎやか」の対義語は「寂しい」と考えると、うまくはまります。

「おもしろい」の対義語も「つまらない」と「退屈」のように思えますが、「おもしろい」の対義語を「退屈」のみとし、「つまらない」の対義語を「楽しい」とすると、やはりうまくはまります。ただし、「楽しい」には別の対義語「苦しい」もあり、事情はさらに複雑です。

対義語で言葉と世界への感性を磨く

対義語を考えることの意義の三つ目は、対義語を考えると、想像力が刺激され、言葉、さらには世界にたいする感性が磨かれることです。

インターネットを見ていると、対義語をつぶやいている人の数に驚かされます。

「『赤の他人』の対義語って『白い恋人』?」

「『鳥貴族』ってもしかして『魚民』の対義語だったのか」

「『天使のブラ』の反対って『鬼のパンツ』ですかね」

「『黙れ小僧！』の対義語は『何か言えジジイ！』かな」


などを見ていると、笑いが止まりません。

私が以前、ある大学院生と、大企業が発行する年次報告書（アニュアル・レポート）の語彙を分析したとき、なぜ「危険」「危機」とは別に「リスク」という語が存在し、それが広く使われているのだろうかということを考えました（佐野二〇一六）。その結果、「リスク」は「リターン」という対義語とセットで考えることで、初めてその存在意義が見えてくるという結論に落ち着きました。

つまり、「リスク」は、「危険」「危機」とは違ってつねに回避すべきものではなく、十分な「リターン」が得られると判断できたときには、あえて取るべきものであるということです。「虎穴《こけつ》に入《い》らずんば虎児《こじ》を得ず」という発想が「リスク」にはあり、「危険」「危機」ではそれを表すことができないのです。

「光」の対義語を考えると、日本的な伝統美と西洋的な宗教観の違いがはっきりと見えてきます。谷崎潤一郎の『陰翳礼讃《いんえいらいさん》』を見ると、「光」の反対は「陰」です。「陰」は「光」があって初めてできるものであり、日本の伝統美はそうした光と陰の微妙なコントラストによってできあがっていると谷崎は考えたわけです。

一方、『聖書』の「ヨハネによる福音書」によれば、「光」の反対は「闇」です。「闇」は「光」のない絶望的な状況です。『聖書』は、神の支配による「光」の世界と、罪の支配による「闇」の世界のコントラストによってできあがっており、そうした世界観の相違が「光」の対義語の違いにも表れていると見ることが可能です。

類義語を考えることは語彙量を増やすのに役立ちますが、それとあわせて対義語も見るようにすると、頭のなかの語彙世界に、奥行きが加わるように思います。

(三) 上位語と下位語を考える

語彙のタテ方向のネットワーク

語彙を増やす方法の第三は、「上位語・下位語を考える」です。

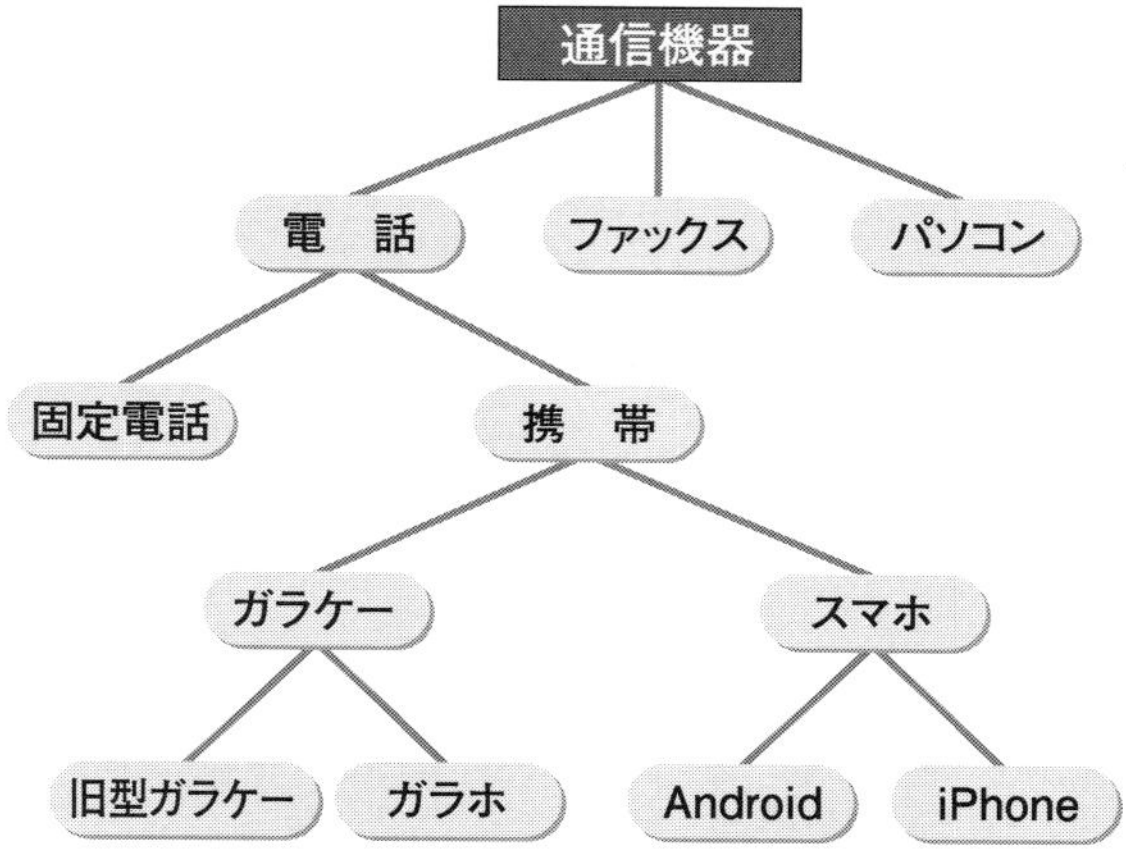

図2-2　携帯（携帯電話）の上位語、下位語を見てみると……

孤立して存在している語はほとんどありません。語は通常、上位語・下位語という語彙のネットワークのなかに存在しています。

たとえば、「携帯（携帯電話）」を考えてみましょう。「携帯」の上位語は「電話」であり、「携帯」の下位語は「ガラケー」と「スマホ」です。

こうして見ると、ふだん使っている「携帯」という言葉が立体的に見えてきます。たとえば、iPhoneを指して「このiPhoneは」とも「このスマホは」とも「この携帯は」とも「この電話は」とも呼べるわけです。

類義語だけでなく、上位語・下位語を考え、語彙のネットワークを想定することも、語彙を増やす有力な方法です。

提喩による遠近感の調整

全体と部分の関係に依拠した表現技法に、提喩《ていゆ》があります。提喩は全体と部分という関係に基づくもので、上位語で下位概念を、下位語で上位概念を表すものも提喩に含まれます。

最近、五十歳に近くなった私は、「髪に白いものが交じる」ようになりました。「白いもの」というと、「雪」「灰」「ふけ」なども想像できますが、ここでは「白髪」をぼかして言っています。

また、私の財布には「免許証」が入っています。「免許証」といっても、船舶の免許証や医師免許証ではありません。自動車の運転免許証、それも普通自動車第一種運転免許証です。しかし、わざわざ下位語で言うのは面倒ですので、誤解を招かないかぎり、「免許証」という楽な上位語を使うわけです。

反対に下位語を使って上位語を表すケースもあります。ボリュームがあることで知られるラーメン屋、ラーメン二郎では、「ニンニク入れますか」で、ニンニクだけでなく、野菜、油、からめ（味の濃さ）といったトッピング全般の追加を聞かれていることになります。

また、『聖書』の「マタイによる福音書」四章四節の「人はパンだけで生きるものではない」も、「パン」は食事の代表です。ですから、そのあとの聖句は「ご飯や麺類もパンに劣らず大切である」とは続かず、「神の口から出る一つ一つの言葉で生きる」と続くのです。

じつは複雑な上位語・下位語事情

上位語と下位語は、厳密に考えると、なかなかやっかいです。

たとえば、比較的小さい荷物を各戸に配送するサービスを「宅急便」と呼ぶことがありますが、これは厳密には「宅配便」です。「宅急便」はヤマト運輸の登録商標で、「宅配便」の下位語です。佐川急便の「飛脚宅配便」もそうですし、意外かもしれませんが、日本郵便の「ゆうパック」も「宅配便」の下位語になります。

「バンドエイド」や「ポスト・イット」なども登録商標で、厳密には「ばんそうこう」や「付箋《ふせん》」の下位語になります。

また、実際には下位語ではないのに、名前に惑わされて下位語のように見えてしまうこともあります。

たとえば、「ノンアルコールビール」は、アルコールが入っていない「ビールもどき」であって、「ビール」の下位語ではありません。そのため、正確には「ビールテイスト飲料」

と言います。「みりん風調味料」も「みりん」の下位語とは言いがたいでしょう。高いアルコール度数であり、お酒の一種ともいえる「みりん」とは異なり、「みりん風調味料」はアルコール度数も低く、糖類や化学調味料を添加したものだからです。

冒頭の「携帯」の例でも、「ガラホ」は、正確には「ガラケー」の下位語ですが、「スマホ」の機能を備えた「ガラケー」ですので、両者の中間のように感じている方もいるでしょう。さらに、「スマホ」自体がもはや「電話」の下位語ではなく、「パソコン」の下位語である「タブレット」の下位語のように感じている方もいるかもしれません。企業社会と科学技術の進展が、上位語・下位語を複雑にしている気がします。

以上のように、上位語・下位語を考えることは、頭のなかに語彙のネットワークを作ることにつながります。語彙を一つひとつ独立したものとして憶えるのでなく、ネットワークとして捉えることが、使える語彙力を考えるうえで重要です。

（四）語種を考える

和語・漢語・外来語とその周辺

語彙を増やす方法の第四は、「語種を考える」です。

日本語の語種は、日本古来の固有語である和語、かつて中国から渡ってきた漢語、比較的最近海外から入ってきた外来語に分かれます。和語は平仮名や訓読みの漢字で表され、漢語は音読みの漢字で表され、外来語は片仮名で表されるのがふつうです。

二つ以上組み合わさったものは混種語と呼ばれます。「豚肉」は「和語＋漢語」、「送りバント」は「和語＋外来語」、「ジェット機」は「外来語＋漢語」です。

漢語と外来語は本来日本語にはなかった言葉なので借用語と呼ばれます。ただし、近代日本で作られた和製漢語もあり、中国に逆輸入されて使われています（陳二〇一二）。「科学」「哲学」「美学」「心理学」などの学問分野はもとより、「共産主義」「階級」「幹部」「組織」

など中国政治の中心概念も和製漢語です。

一方、やはり日本で作られた和製外来語もあり、「アフターサービス」「コインランドリー」「フリーダイヤル」「タッチパネル」などが和製外来語（和製英語）です。和製英語は英語として話しても、通じないことが多いようです。和製英語は外来語に分類されますが、厳密には「外来」ではありません。和製英語にかぎらず、外来語はすべて日本語に入ったときから発音も意味も日本語化するので、二重国籍性を持つといえます（石野一九八九）。

語種への意識で語彙が増える

日本語は、漢字と片仮名があるため、借用語を語彙に取りこみやすい言語です。そのため、類語を、和語、漢語、外来語の三通りで表すことができます。

たとえば、「昼飯」（和語）、「昼食」（漢語）、「ランチ」（外来語）がその例に当たります。

このように、語種を考えることで語彙量が増えるのが日本語の特徴です。

以下の①〜⑥は、和語―漢語―外来語の順に並んでいます。［　　　］に当てはまる語を入れてください。

【例】速さ　―　速度　―　スピード
① 台所　―　［　　］―［　　］
②［　　］―　包丁　―［　　］
③［　　］―［　　］―　デリバリー
④ 買い物　―［　　］―［　　］
⑤［　　］―　旅行　―［　　］
⑥［　　］―［　　］―　ビーチ

【答え】
① 台所　―　厨房《ちゅうぼう》　―　キッチン
② 刃物　―　包丁　―　ナイフ
③ 出前　―　宅配　―　デリバリー
④ 買い物　―　購入　―　ショッピング
⑤ 旅　―　旅行　―　トラベル／トリップ
⑥ 海辺／浜辺　―　海岸　―　ビーチ

和語だと身近なイメージ、漢語だと厳密なイメージ、外来語だと新奇なイメージが出せるので、便利です。和語—漢語—外来語をセットで考える習慣をつけると、語彙量を増やすことが容易になります。

語種別の長所・短所と勘どころ

和語の長所は、耳から聞いて、すぐに意味がわかることです。漢語は同音異義語が多く、「こうかがある」と言われても、耳で聞いただけでは、「効果がある」なのか「校歌がある」なのか「硬貨がある」なのか「考課がある」なのか、わかりません。「効き目がある」ならば耳で聞いてもすぐにわかります。人前で話すときの原稿を作る場合は、漢語を和語に置き換えるようにすると、聞き手に親切です。

一方、和語の短所には、日常的で身近な内容を示すのが得意なぶん、抽象的な内容を表すのに向かないという点があります。また、話し言葉でよく使われるため、書き言葉で使うと文体的に稚拙《ちせつ》な印象を与えやすいという面もあります。

漢語の長所は、目で見て、すぐに意味がわかることです。「アウトソーシング」では意味がパッとはわかりませんが、「外部委託」となっていると、すぐに意味がわかります。初見の語彙でも漢字の表意力で、意味の類推が利きやすいのが漢語の特長です。また、漢語は意味を精密に表すのが得意なので、比較的硬い文章で抽象的な内容を表すのに向いています。

一方、漢語の短所としては、和語の長所で述べたように、同音異義語が多いため、耳で聞いたときにわかりにくいという問題があります。また、目で見て意味がわかりやすいと言っても、漢字が増えるとそれだけ漢字についての高度な知識が必要になり、文章が難解になりがちであるという問題もあります。

外来語の長所は、音との結びつきで、今海外で使われている概念をすぐに日本語のなかに取りこめるその手軽さです。技術革新が著しいＩＴ関連の用語、グローバルに展開されているビジネスの用語、日々流行が変わり、最新の傾向を取りいれる必要のあるファッション関連の用語などは、外来語なしでは表現することが難しくなってきています。

たとえば、女性の髪留《かみど》めを考えると、昔からある「ヘアピン」「ヘアバンド」だけでなく、「バレッタ」「カチューシャ」「シュシュ」などの広がりを見せており、外来語が活用されています。また、時代を反映した語を取りこむことができるため、そこには時代の感度を反映した斬新《ざんしん》さが含まれているように見せることができます。

一方、外来語の短所は、目で見たときに意味の類推が利きにくい点です。長くなると意味

	対象	長所	短所
和　語	身近な内容	耳で聞いて意味がわかる（話し言葉向き）、内容を易しく示せる	抽象的な内容を表すのが不得手
漢　語	抽象的な内容	目で見て意味がわかる（書き言葉向き）、厳密な意味を表せる	耳で聞いたときに意味がわかりにくい
外来語	新しい内容	海外の最新の概念を手軽に取りこめる	目で見たときに意味がわかりにくい

表2-1　和語・漢語・外来語の対象と長所、短所

の切れ目がわかりにくくなるという問題もあります。

インターネットで見かける「スポンサードリンク」を「スポンサー・ドリンク」と読んでしまうと、意味が取れなくなります。「スポンサード・リンク」というまとまりで理解しないと意味が通りません。

また、時代の感度に敏感なぶん、新陳代謝が激しく、新しい言葉がすぐに古くなったり、子どもや高齢者などの言語弱者にはついていきにくいという面もあります。

このように、和語・漢語・外来語にはそれぞれ長所と短所があります。つまり、和語・漢語・外来語がおたがいの長所を生かし、おたがいの短所を補いながら日本語の語彙の体系を形作っているわけです。

したがって、一つの事象を三つの視点で捉えられる柔軟性が日本語の魅力であり、文章で表現するときにこの魅力を活用しない手はありません。ぜひ積極的に活用してください。

（五）文字種を考える

平仮名・片仮名・漢字の使い分け

語彙を増やす方法の第五は、「文字種を考える」です。文字種を考えるとは、平仮名・片仮名・漢字の違いを考えることです。

語種のところで見たように、日本語の表記は平仮名・片仮名・漢字を使い分けますので、同じ語を最大三種類の表記を使うことで、別語のような印象を持たせることが可能です。

次の例文を考えてみましょう。

職場のバツイチ男性はすてきな人だけど、ふとっちょさんで食べる量が半端ない。

この文の傍線部を、平仮名、片仮名、漢字、それぞれの表記で書き分けてみましょう。なお、「バツイチ」は漢字だけでは表しにくいので、記号の「×」を使っています。

職場のばついち男性はすてきな人だけど、ふとっちょさんで食べる量がはんぱない。
職場のバツイチ男性はステキな人だけど、フトッチョさんで食べる量がハンパない。
職場の×一男性は素敵な人だけど、太っちょさんで食べる量が半端ない。

平仮名で書くと、易しく柔らかい印象が生まれます。片仮名で書くと、コミカルでくだけた印象が、漢字で書くと、まじめで堅い印象が出ます。

漢字の長所

漢字というのは表意力が強いので、イメージを湧かせるのに向いています。たとえば、「わしづかみ」という語がありますが、これを「鷲摑み」とすると、鷲が鋭い爪で獲物をがしっと「わしづかみ」する様子が想起され、意味が明確に伝わります。

花の「あじさい」と鳥の「あじさし」は文字にするとほとんど違いがなく、混同しがちですが、漢字で「紫陽花」と「鰺刺」と書くと、意味が明確に伝わります。とくに、鳥の「鰺刺」は、上空から海面に頭から一気に飛びこんで、魚のアジを一刺しで捕らえる様子が文字に表れ、これならば意味を忘れなさそうです。

ほかにも、「いれたてのコーヒー」は、「淹れたての珈琲」とするだけで、香りと味がアップしそうです。「ひっぱりだこ」も、「引っ張り蛸」とすると、人気者の蛸が八本の足を四方八方から引かれている様子が目に浮かびますし、「引っ張り凧」とすると、大空を舞う凧がやはり糸であっちこっちから引かれている様子を想像することができます。両方とも間違いではないのですが、語源的には「蛸」のほうが「凧」よりも古いと考えられています。

さらには、物作りの職人「たくみ」は、動詞「巧む」の連用形に由来しますが、技巧の「巧み」か、細工の「工《たくみ》」か、意匠の「匠《たくみ》」かでイメージが違ってきそうです。ただ、いずれでも、美を作りだす「たくみ」の技がいっそう引き立ちます。

同音異義にたいする同訓異字というものをご存じでしょうか。「堅い」「硬い」「固い」のように、同じ訓を持つ異なる漢字の組み合わせです。

たとえば、「合併で会社が大きくかわる」では、変化なので「変わる」が、「部長にかわって出席する」では、代理なので「代わる」が、「我が社のトップがかわる」では、交替なので「替わる」が使われます。このように、「かわる」という同じ語が、どのような漢字を選ぶかで、意味が違って見えるわけです。これが同訓異字の力です。「暑い」と「熱い」、「暖かい」と「温かい」の区別なども同訓異字によるものです。

漢字の弱点

一方、漢字の弱さは音声です。もちろん、読めなくても意味は何となくわかるので、それで何とかなってしまう場合も少なくありません。

次の傍線部の漢字はどのように読むでしょうか。

①相好を崩す
②毒舌の友人
③あなたとの続柄
④写真の貼付欄

⑤コンピュータの筐体

答えを順に示すと、①「そうごう」、②「どくぜつ」、③「つづきがら」、④「ちょうふ」、⑤「きょうたい」です。

①を「あいこう」、②を「どくじた」、③を「ぞくがら」、④を「はりつけ」、⑤を「くたい」のように読んでしまう人もいるのではないでしょうか。

もちろん、そう読んでも、意味さえわかっていれば、最低限の理解は可能です。しかし、それでは、いざ声を出して読んだときに恥ずかしい思いをしてしまいますし、漢字によっては誤解を生んでしまいます。

たとえば、「紙魚」「衣魚」をご存じでしょうか。「しみ」と読みます。茶色がかった薄い銀色をした虫で、本を食い荒らすことから「紙魚」、衣類を食い荒らすことから「衣魚」と表記されます。なかなかうまいネーミングだと思いますが、初めて見た人は、読み方がわからないために、魚の仲間かと思ってしまうおそれがあります。

また、「生物」も注意が必要です。「せいぶつ」と読ませるのはよいのですが、「いきもの」「なまもの」と読ませたいときは避けたほうがよいでしょう。「いきもの」は「生き物」、「なまもの」は「生もの」が安全だと思います。

「表面」や「空缶」も要注意です。「表面」は、「ひょうめん」ならばこう表記するしかないでしょうが、「プリントの表面」のような場合は、「おもて面」のほうが安全です。「プリントの表面」をなでても、すべすべしているだけで字は読めません。

「空缶」は、通常は「あきかん」と読むと思われるのですが、ビール工場に見学に行ったときに、「くうかん」と読むということを初めて知りました。液体が入るまえのものは「くうかん」、液体を飲んだあとのものは「あきかん」という区別があるのだそうです。

そこで、「あきかん」と読ませたい場合は「空き缶」と送り仮名をあいだに入れたほうが、誤解がなさそうです。

漢字のクイズによく出てくる、漢字表現の和語副詞も読者泣かせです。次の漢字はどのように読むでしょうか。

⑥固より
⑦偏に
⑧徒に

⑨頗る
⑩強ち

⑥は「もとより」、⑦は「ひとえに」、⑧は「いたずらに」、⑨は「すこぶる」、⑩は「あながち」です。

「徐に」「専ら」「挙って」「予て」「頻りに」は、順に「おもむろに」「もっぱら」「こぞって」「かねて」「しきりに」と読み、これらも難しいのですが、それでも漢字が意味を引きだす手がかりになります。

しかし、⑥から⑩のようなものは、漢字から意味を引きだすのがかなり難しく、漢字表記がマイナスに働く例です。

また、すでに見たように同音異義語が多いのも漢字の泣きどころです。「とうきは……」と言われても、状況に合わせて漢字を想起しなければなりません。

飛行機のなかでは「当機は」でしょうし、経済新聞を読んでいるときは「投機は」でしょう。ゴミの話題ならば「投棄は」でしょうし、お金持ちのリビングでは「陶器は」でしょう。不動産会社では「登記は」でしょうし、寒い地域では「冬期は」でしょう。

漢字の表意力が強いのも、ときには曲者《くせもの》です。中国人は日本語についての知識がなくても日本語の文章がある程度読めますし、日本人も中国語の知識がなくても中国語の文章がある程度読めます。しかし、有名な「手紙」（トイレットペーパー）や「汽車」（自動車）の例からもわかるように、意味の違う言葉もたくさんあります。

私自身は、中国人相手のときは、日本語ができる相手であっても、「ご自愛ください」という表現は避けるようにしています。それは、中国では、乱れた生活をしている人に、「もっと自分を大切にしなさい」と、慎むように言うときに使う言葉だからです。

中国に行ったとき、中国人の大学の先生に、観光地の旅館にあった中国語「日式湯屋」の写真を見せてもらったことがあります。もちろん「日本風温泉」という意味なのですが、そこに記されていた日本語の訳語は「和風のスープ屋」でした。たしかに中国語の「湯」の第一の意味は「スープ」です。日本語を知らない人が訳したのでしょうが、辞書の怖さを痛感する例です。

また、その漢字が派生的意味を表す場合、漢字を使わず、片仮名を使ったほうが意味を取りやすくなります。

たとえば、「山が外れる」「骨をつかむ」「壺を外す」「鴨にする」は、「山」「骨」「壺」

「鴨」という漢字からすぐに意味が想起されるわけではありません。そこで、「ヤマが外れる」「コツをつかむ」「ツボを外す」「カモにする」と書いたほうが、派生的意味を表していることがわかり、音から意味に結びつきやすくなるわけです。

このように、漢字は表意力の強い文字として意味の喚起に力を発揮する反面、その長所が弱点となる場合があります。それを補う意味で、平仮名や片仮名を上手に取り混ぜることが語彙力強化にもつながります。

（六）書き言葉を考える

話し言葉と書き言葉の対応

語彙を増やす方法の第六は、「書き言葉を考える」です。

すでに述べた語種とも関係するのですが、私たちが日常的に話すのに使う話し言葉と、文章を読んだり書いたりするのに使う書き言葉とでは、語彙がかなり違います。話し言葉は和語で易しい言葉が多く、書き言葉は漢語で難しい言葉が多いのが特徴です。

私たちは日常的には、話し言葉をベースに考えることが多いので、文章を書くときにはそれを書き言葉に変えてやる必要があります。

たとえば、和語名詞の「やり方」であれば、漢語名詞の「方法」に、和語動詞の「教える」であれば、漢語動詞の「指導する」に、和語形容詞の「いい」であれば、漢語形容詞の「適切な」に置き換えられます。つまり、「いいやり方を教える」は、「適切な方法を指導する」と言い換えられるわけです。

和語を漢語に置き換えるときにはポイントがあります。それは、和語のなかにある漢字一字を使った二字漢語を考えることです。

たとえば、「虫」という言葉を書き言葉に変える場合、「昆虫」という、「虫」の入った語にするとうまくいきます。

少し練習してみましょう。つぎの①～⑩を漢語の書き言葉に直してください。

①世の中　②食べ物
③水気　④木

⑤外　⑥調べる
⑦腐る　⑧暖かい
⑨色々な　⑩人付き合い

①「世の中」は「世間」「世界」、②「食べ物」は「食料」「食糧」、③「水気」は「水分」、④「木」は「樹木」、⑤「外」は「屋外」「野外」、⑥「調べる」は「調査する」、⑦「腐る」は「腐敗する」、⑧「暖かい」は「温暖な」、⑨「色々な」は「様々な」「多様な」、⑩「人付き合い」は「人間関係」です。

このように、和語のなかの漢字一字を意識して二字漢語を作ると、書き言葉にふさわしい語彙に変更できます。

もちろん、「畑」と「農地」、「仕事」と「労働」、「育つ」と「成長する」、「書き留める」と「記録する」、「おいしい」と「美味な」、「強い」と「丈夫な」のように、漢字の対応のないものもあります。こうしたものは、類語辞典の力を借りるとよいでしょう。

話し言葉になりやすい漢語副詞

このように、話し言葉と和語、書き言葉と漢語というのは強い結びつきを持っていますが、かならずしもそうした対応にならない場合もあります。

たとえば、「違う」と「異なる」や、「変な」と「変わった」は両方が和語ですが、前のほうが話し言葉的、後のほうが書き言葉的です。また、「勉強」と「学習」、「天気」と「気象」のように、両方とも漢語でも、前のほうが話し言葉的、後のほうが書き言葉的になるものもあります。

なかには、「仲間」と「輩《ともがら》」、「頑固」と「頑《かたくな》」のように、和語のほうが書き言葉的になるものもないわけではありません。「貧しい」「乏しい」なども、「貧乏な」という漢語のほうが話し言葉的です。

その傾向が顕著なのが、漢語副詞です。「全然」と「まったく」、「全部」と「すべて」、「絶対」と「かならず」、「多分」と「おそらく」、「一番」と「もっとも」、「大体」と「ほぼ」のように、和語副詞のほうが書き言葉的なものが多いので、注意が必要です。

話し言葉・書き言葉と接続助詞・接続詞

内容語ではなく機能語の話になってしまいますが、接続助詞と接続詞は、話し言葉と書き言葉の形式が並行して存在することが多いので、文章を書くときには使い分けを意識する必要があります。

一〇分前に駅を｛出たから／出たので｝、間もなく家に着くと思う。
新築の家のなかは、｛広いけど／広いが｝、殺風景だ。
駅前の書店で単行本を｛買って／買い｝、喫茶店で読みふける。
うちの父は、お酒を｛飲んだら／飲めば｝、かならず陽気になる。
夫はヘビースモーカーだ。｛だから／したがって｝高額納税者だとよく自慢する。
ご飯を三杯もおかわりした。｛でも／だが｝不思議とお腹が満たされない。
昨日はフレンチのフルコースだった。｛あと／また｝珍しいワインも堪能《たんのう》した。
この事業は成功の見こみはない。｛なら／それならば｝撤退は早いほうがよい。

因果関係ならば「から」よりも「ので」、「だから」よりも「したがって」のほうが書き言葉にふさわしいでしょう。同様に、逆接ならば「けど」よりも「が」、「でも」よりも「だが」のほうが、並列ならば「て」よりも連用形のほうが、「あと」よりも「また」のほうが、条件関係ならば「たら」よりも「ば」のほうが、「なら」よりも「それならば」のほうが書き言葉にふさわしいといえます。

このように、接続助詞と接続詞は、話し言葉と書き言葉の差が表れやすく、しかも話し言葉らしい表現と書き言葉らしい表現がセットになっていることが多いので、節や文の接続部は、校正のさいにとくに注意深く見ていく必要があるでしょう。

日本語は、話し言葉と書き言葉の差が大きい言語として知られ、それが語彙の面にも表れています。文章を書くときに、話し言葉を適切な書き言葉に置き換える技術は、論文・レポートやビジネス文書など、公的性格の強い文章を書くときには必須の技術です。

（七）専門語を考える

学術専門語

語彙を増やす方法の第七は、「専門語を考える」です。

私たちはふだん、家庭内の会話や友人どうしの雑談では、日常語を用いて暮らしていますが、学校や会社、役所や病院などに行くと、その場にふさわしい専門的な用語である専門語を用いることになります。書き言葉らしい表現は硬い表現になりますが、そうした硬い表現の多くが専門語です。

専門語は意味が厳密に定義されているのが特徴です。専門語にはいろいろありますが、まず学術専門語から考えてみましょう。

たとえば、教育学では、「子ども」はかなり詳しく区分されます。日常的には、「赤ちゃん」と「子ども」程度のぼんやりした区別しかないかもしれませんが、児童福祉法では、小学校に入るまでの子どものうち、出生から生後一歳未満を「乳児」、満一歳から小学校就学前までを「幼児」と呼びます。

小学五年の娘がすごろくを作っていて、「春のイベントって何かない?」と聞くので、「五月病があるじゃん」と茶化したところ、「未就学児用のすごろくなんだけど」と返され、思わず笑ってしまったことがあります。「未就学児」は「幼児」とほぼ同義ですが、専門性の高い語は日常的な文脈で使われると違和感が生じ、おかしみが生まれます。ちなみに、保育園では、三歳の四月に幼稚園の年少に入れる年齢に満たない子どもを、「未満児」と呼ぶこともあります。

一方、学校教育法では、小学生は「児童」で、中学生・高校生は「生徒」、大学生になれば「学生」、大学院生も「学生」です。言い換えると、「児童」は初等教育機関である小学校に通う者、「生徒」は中等教育機関である中学校・高校に通う者、「学生」は高等教育機関である大学（大学院・短大を含む）・高等専門学校に通う者です。自分のことを「生徒」と呼ぶ大学生がときどきいますが、あれは誤りで、「学生」と呼ばなければなりません。

しかし、やっかいなのは「児童」で、児童福祉法では、十八歳未満はすべて「児童」です。したがって、児童買春・児童ポルノ禁止法での「児童」は、学校教育法の「児童」、すなわち小学生ではなく、十八歳未満の高校生以下すべてを指します。

また、ＪＲの「学生割引」は、「学生」だけでなく「生徒」である中学生以上が対象になりますし、「学生証」も、やはり「生徒」である中学生・高校生も持っています。もちろん、厳密に分けたいときには「生徒手帳」と言うこともあるでしょう。

ほかにも、医学的には、生後四週間までの「新生児」はとくに大切に手当てされますし、小児科の「小児」は十五歳未満が対象になります。十五歳以上は成人と同じ薬の量が飲めるようになるからです。

しかし、そうした専門語を日常的に区別している人は少ないでしょう。何歳までは小児科にかかり、何歳から内科にかかるかは、正直なところ、多くの人は感覚的に判断しているように思われます。

こうした学術専門語は、それぞれの分野が扱う対象によって異なります。

たとえば、経済学では、お金に関わる語がきわめて豊富です。「通貨」「貨幣」「為替」「資本」「資産」「資金」「利益」「利子」「利潤」「(売上)高」「(生産)額」「予算」「収入」「支出」「歳入」「歳出」「所得」「費用」「経費」などです(今村二〇一四)。

また、本書には、「形態素」「語」「句」「節」「文」「文章」などといった言語単位の名称や、

「動詞」「名詞」「形容詞」「副詞」「接続詞」「助詞」「助動詞」などといった品詞名など、言語学にかんする名称が溢れかえっています。こうした専門語に精通することが、特定の学術分野に精通する一つのカギになります。

学術専門語の使用にかんして一つ気をつけたいのは、使用上の注意が必要な言葉があるということです。

たとえば、言語学では、「母国語」という表現はほとんど使われません。それは、田中（一九八一）以来の伝統で、国の公用語である国語と、自分の第一言語とが一致しないケースへの配慮が必要だからです。そのため、「母語」と呼ぶのが一般的です。

また、心理学では「被験者」という表現は避けられる傾向があります。英語にすると「subject」であり、調査をされる側よりも、調査をする側のほうが上位に来るような語感があるからです。そのため、「（調査／研究）対象者」「（調査／研究／実験）協力者」「（調査／研究／実験）参加者」「インフォーマント」といった語が、最近では好んで使われます（石黒二〇一六）。

ビジネス専門語

専門語が存在するのは学問の世界にかぎりません。ビジネスの世界でも専門語はあまたあり、分野によって多様な専門語が使われています。

金融商品を例に取るならば、まずは「預金」と「貯金」の違いを知らなければなりません。「預金」が一般の銀行、「貯金」がゆうちょ銀行や農協・漁協の銀行です。そして、「預金」自体の種類も複雑です。「普通預金」「定期預金」「当座預金」「貯蓄預金」「積立預金」「外貨預金」などがあります。

そのほか、預金という形を取らない「株式」「国債」「投資信託」「ＦＸ」などがあり、それぞれが下位語でさらに分かれていきます。金融商品を取り扱う担当者は、そうした専門用語をそれぞれの概念とともにきちんと把握していなければなりません。

また、ビジネス専門語には、そうした分野別のビジネス専門語に加え、どの業種でも共通してよく使われているビジネス共通語があります。そうしたビジネス共通語を「オトナ語」と定義し、おもしろくまとめたのが、『オトナ語の謎。』（糸井二〇〇五）という本です。

そこで紹介されている、朝一番にという意味の「朝一《あさいち》で」や、午後一番にという意味の「午後一《ごごいち》で」、相手の会社に敬意を示す「御社《おんしや》」や、自分の会社をへりくだって言う「弊社《へいしや》」などはよく使います。

また、ビジネス共通語には外来語が多いのが特徴で、懸案事項の棚上げを示す「ペンディング」、仕事の依頼を表す「オファー」、プロジェクトの開始を表す「キックオフ」などが目立ちます。

外来語の略語である、面会の約束を示す「アポ」(「アポイントメント」の略)、事前の根回しを示す「ネゴ」(「ネゴシエーション」の略)、能力の限界を示す「キャパ」(「キャパシティ」の略)などの略語も多く、さらには、「迅速《じんそく》に」という意味の「さくっと」、「概算で」という意味の「ざっくり」、「全体で」という意味の「まるっと」などのオノマトペも目立ちます。

すでにご紹介した学術専門語にも、こうした学術共通語はあり、「目的」「課題」「結果」「根拠」「資料」「方法」「分析」「考察」「文献」などといった専門語は、学術共通語として分野を超えて使われます。

趣味の専門語

専門語は、学術やビジネスといった分野にだけあるわけではありません。どんな分野にでも存在します。

朝、小学校に行くと、「朝の会」があり、その日の「日直」が「起立」「礼」「着席」などと「号令」をかけ、今日の「めあて」を決めたりします。また、「給食」というものがあり、「白衣」を着て「三角巾」をつけた「当番」が「食缶」や「食器」を教室に運び、「配膳」を担当します。

さらには、クラスには「学級委員」を筆頭に、「保健係」「図書係」「生き物係」といったさまざまな係を担当する人がいます。避難訓練の心得である「おかしも」（おさない、かけない、しゃべらない、もどらない）や、防犯標語の「いかのおすし」（知らない人についていかない、知らない人の車にのらない、おおきな声で呼ぶ、すぐ逃げる、何かあったらすぐしらせる）なども小学生ならみんな知っています。小学校という場所は、専門語で満ちあふれているのです。

趣味の世界の専門語もじつに多様です。たとえば、スポーツやボードゲームで一般に「試合」と読んでいるものは、それぞれの分野によって異なります。

サッカー、野球、テニスでは、「試合／ゲーム」と呼びますが、陸上や水泳では「大会／競技会」、体操やスケートでは「試技／演技」と呼びます。さらには、競馬や競輪では「レース／出走」と呼びますし、相撲では「取り組み／一番」、将棋・囲碁では「対局／手合い」と呼ぶなど、多岐にわたります。さまざまな分野に関心を持てば、語彙はそれだけ自然と増えていくのです。

特定の趣味の分野をめぐっては、将棋の専門語について、勝田（二〇一二）を参考に考えてみましょう。

将棋は「指す」もので、「好手《こうしゅ》」を指すときは「指がしなる」そうです。自分が取った「手駒」を使うときは「打つ」と言います。ちなみに囲碁はいつでも「打つ」です。

将棋を「指す」には「定跡《じょうせき》」（囲碁は「定石《じょうせき》」）と「囲い」を知らなければならず、「囲い」には「矢倉《やぐら》」「美濃囲い」「穴熊」などがあります。「戦法」もつねに開発され、大きくは「居飛車党《いびしゃとう》」と「振《ふ》り飛車党《びしゃとう》」に分かれ、「藤井システム」「中座飛車《ちゅうざびしゃ》」「石田流」「ゴキゲン中飛車《なかびしゃ》」などの個人が編みだした特殊な戦法もあります。

終盤戦は「寄せ」と呼ばれ、「王手」がかかりやすくなり、「詰み」を読みきるか、「詰めろ」や「必至《ひっし》」で迫ります。そのさい、「二歩《にふ》」や「打《う》ち歩詰《ふづ》め」という反則には気をつけます。引き分けはほとんどないのですが、「千日手《せんにちて》」や「持将棋《じしょうぎ》」になると引き分け再試合です。「対局」が終わったら、勝敗の分岐点となったあたりを集中的に検討する「感想戦」があるのも特徴です。

おそらくこの文章は、将棋をご存じの方には当たり前の内容でしょうし、将棋をご存じない方にとってはちんぷんかんぷんでしょう。自分の興味のある世界には、かならず詳しくなるもので、その世界にどっぷり浸《つ》かるなかで、大量の専門語を学んでいるのです。

したがって、語彙を増やす有力な方法の一つとして、「趣味を増やす」ということも考えられてよいだろうと思います。

よく読書が語彙力を増やすと言いますが、それはその世界にどっぷり浸かることにつながるからです。偏った読書は大量の専門語を吸収できますので、けっして悪いことではありません。ただ、飽きてきたら新しい専門分野に移り、そこでもまた大量の本を読みこむこと。それが語彙力増強の秘訣《ひけつ》だろうと思います。

(八) 方言を考える

南関東の方言

語彙を増やす方法の第八は、「方言を考える」です。

私たちが文章を読んだり書いたりする場合、その多くはいわゆる標準語をベースに行っています。しかしながら、日本には地域ごとに多様な方言があり、それが日本語の語彙を豊かにしています。

もちろん、地の文を方言で書くことは少ないのですが、語彙として方言を交ぜることはよく行われます。ブログなどでも、高知に行ってきたら「土佐の皿鉢《さわち》料理を堪能したぜよ」と坂本龍馬のようになったり、北海道に行ってきたら「スキー場、なまらしばれたべや」と道民のように書きたくなるかもしれません（田中二〇一一）。

私自身は、小学校からはずっと首都圏なので、あまり方言を意識することはないのですが、横浜のはずれにある小学校・中学校では、汚いものに触ったとき、「メンキ」と言っていました。しかし、横浜の中心にある高校に通うようになり、「メンキ」が通じなくて「エンガチョ」と言うことを知り、軽いカルチャー・ショックを受けました。つまり、「メンキ」は方言だったわけです。

「よこはいり」も方言の一種です（三井二〇一三）。横浜ではふつうに使っていて、方言だとは気づかなかったのですが、高校生になって満員電車に乗るようになって、『割りこみ』乗車はご遠慮ください」という駅のアナウンスを聞き、「よこはいり」以外の言葉があるということを初めて知りました。

「よこはいり」は、「〜じゃん」と同様に、中部地方南部から入ってきた新方言と考えられていますが、一般には「よこはいり」も「〜じゃん」も、横浜弁と意識されることが多いようです。

また、赤い大型のザリガニを「マッカチン」と呼ぶのが方言だということも最近知りました。私は、浦和、横浜、多摩と移り住んでいるのですが、どこでも「マッカチン」と呼ぶので、方言だと気づかなかったのです。

「気づかない方言」（篠崎二〇〇八）という考え方があり、それに基づく「出身地鑑定!!方言チャート」というウェブサイトが人気を集めています。そうしたサイトでは、こうした語彙の方言も組みこんで、出身地鑑定に役立てられています。

アクセントや文法に基づく明らかな方言とは異なり、語彙の微妙な差異に基づく方言は見すごされがちです。

関西と関東の方言差

私は、幼稚園までは大阪府で過ごし、両親も祖父母も関西人ですので、その意味でのギャップは感じたことがあります。

大阪から浦和に来たとき、「押しピン」と呼んでいたものが「画鋲《がびょう》」と呼ばれていることはすぐにわかったのですが、自分が使えるようになるのに時間がかかりました。また、私には、今でも「シャベル」が大きいもので、「スコップ」が小さいものだという意識があるのですが、関東では「スコップ」が大きいもので、「シャベル」が小さいものだと考える人が多いようです。『スコップ』を取って」と言われて移植ごてを取ったら、『シャベル』じゃなくて『スコップ』」と言われた幼少期の戸惑いは、今でも忘れられません。また、トランプをやっているとき、最下位が「びり」「びりっけつ」と呼ばれ、当時は頭のなかで「べべ」「べった」などと翻訳していました。

食べ物の違いも大きく感じました。関東に来てから戸惑った言葉はいくつもあります。うどん文化の関西では、「うどん屋」のなかに、ついでに「そば」がある感じでしたが、関東では、「そば屋」のなかで「うどん」を出すところがあるといったおもむきです。出されるうどんも、つゆの色の薄い「すうどん」ではなく、つゆの色の濃い「かけうどん」で、麺の上に乗っている「天かす」には「揚げ玉」というしゃれた名前がついていました。

「天ぷら」は、関東でも関西でも「天ぷら」なのですが、関西の「天ぷら」は多義語で、揚げかまぼこも含みます。しかし、関東ではそれを「薩摩《さつま》揚げ」と呼ぶのだということを憶えなければなりませんでした。

また、動詞の違いもありました。「蚊に噛《か》まれる」は「蚊に刺される」ではないか。イヌのように蚊に歯があるわけではあるまいしとツッコまれ、たしかにそのとおりだと思いつつも、「蚊に食われる」とも言うではないかと心のなかでひそかに反駁《はんばく》したりもしました。「ものをなおす」は修理だけでなく、「ものをしまう」という収納の意味でも使われ、私だけでなく、やはり両親も祖父母も関西人の妻も家庭内で使い、我が家では「なおす」が主流です。ちなみに、横浜では「かたす」と言っている人が多かった印象があります。それもまた、一つの方言でしょう。

米国の方言

以前、一年ほど米国に滞在していたとき、英語ができなかった私は、もっぱら日本語の収集に努めていました。日本語に入りこんでいる英語の外来語に比べたら数は少ないのですが、英語に入りこんでいる日本語の外来語もないわけではありません。

とくに、食べ物は多く、「すし（sushi）」「てんぷら（tempura）」「ラーメン（ramen）」

「とうふ（tofu）」「みそ（miso）」などは定着しています。こうした語は、「外来語」にたいして「外行語《がいこうご》」と呼ばれることもあります（三輪一九七七）。

なかでもおもしろいのは「しょう油」です。soy sauceが一般的で、shoyuも使いますが、Kikkomanとも言います。ばんそうこうをBAND-AID、ティッシュペーパーをKleenexと呼ぶのと同様の現象だと考えられます。

さらに、現地のスーパーにいくと、日本の食材がここまで進出しているのかと驚かされます。「ダイコン」はdaikon radish、「シイタケ」はshiitake mushroomと記されて売られています。「多摩川」をTamagawa River、「青梅街道」をOme Kaido Avenueと書かれたような重複感ですが、そのほうが英語話者には親切なのでしょう。

日本産の品種も活躍しています。リンゴにはfuji（ふじ）、カキにはfuyu（富有）があり、いずれもよく売られています。ナシではkosui（幸水）を見かけましたが、そちらは鳥取直輸入でした。

また、satsuma（薩摩）という果物も広く売られています。sweet potato（サツマイモ）ではなく、日本の冬によく食べられる小ぶりのミカンのことです。かつて、苗木が鹿児島から米国に送られたことに由来するそうです。

ゴボウは日本でしか食されないと言われていますが、ふつうに売られていました。繊維質が豊富で健康志向の人に食されているようです。詳しい人はgobo（ゴボウ）という名も知っているようですが、そこではburdock rootという名称で売られていました。

同じものを地域によって異なる呼び方をすることがあります。そうした呼び名は、それぞれの地域の日常に根ざしたものであり、それが日本語に豊饒《ほうじょう》さを与えています。

関西では、「豚まん」「豚玉」のように、豚肉が入ると「豚」と言わずにはいられません。それは、関西での肉の標準が牛肉であり、カレーの肉も肉じゃがの肉も、牛肉がデフォルトだからです。

そうした発想を全国に広げると、牛肉文化圏と豚肉文化圏の違いとなり、ものの見方にも多様性をもたらしてくれることに気づきます。

言葉の違いを知ることは文化の違いを知ることにもなるのです。

(九) 新語と古語を考える

置き換わる新語

語彙を増やす方法の第九は、「新語と古語を考える」です。

「真逆」という言葉が何となく気になっています。大手新聞三社を見てみると、『朝日新聞』と『読売新聞』は二〇〇二年から、『毎日新聞』は一九九八年から用例が見られました。書き言葉は保守的ですから、話し言葉ではもっと早い時期から使われていたはずですが、個人的な感覚からすると、九〇年代も後半のころから耳にするようになった語のように思います。

以前は「正反対」という語が使われていたと思うのですが、むしろ最近では「真逆」が主流であり、「正反対」という語のほうが珍しく思えるようになりました。

「正反対」が「真逆」に変わったのは自然発生的ですが、より正確な言葉遣いを求めて、語が変化することもあります。

「日射病」というのは最近耳にしなくなり、かわりに「熱中症」という語がよく聞かれるようになっています。「日射病」は医学用語としては存在せず、直射日光によってのみ体調が悪くなると考えると意味が狭くなります。このため、「熱中症」という医学用語のほうがより広範な現象を指すことができ、適切だということが背景にあるようです。

パソコンのキーボードの右列のまんなかにあるキーを、私は「リターンキー」と呼んでいましたが、いつのまにか「エンターキー」になってしまいました。最近の若い人にうっかり「リターンキー」といっても通じなくなり、ショックを受けたこともありました。「リターンキー」は訳すならば「改行キー」、「エンターキー」は訳すならば「入力キー」くらいになると思いますが、現代の感覚では、「リターンキー」を押して「改行」という感覚が希薄になり、「エンターキー」という「入力」の感覚が強くなっているのかもしれません。

意図的に言葉が置き換えられる例もあります。

たとえば、「精神分裂病」という語は「統合失調症」という語に置き換えられました。背景には、「精神が分裂する病気」という名称が非人格的な表現で、差別を生むおそれがあるという患者団体からの抗議があり、それを受けて日本精神神経学会が、患者の社会参加を妨げない名称を模索したことがあります。そして二〇〇二年に「統合失調症」という語に決定されました。

「登校拒否」という語も、最近は使われなくなりました。「登校拒否」という語は、「通って当然の学校という場に、本人や家庭に問題があって通うことを拒んでいる」というニュアンスが含まれていたため、「不登校」という語に置き換えられていきました。差別語が置き換えられるときは、もともとの語が持っている感情的な語感を和らげ、事実だけを表す表現に置き換えようとする傾向があります。

語だけでなく字についても置き換わる例があります。「障害者」を「障がい者」と表記する例が最近増えてきています。「害」という字が偏見につながるおそれがあり、それを避けたものと思われます。

現在ではそうした配慮もあって、常用漢字に「碍《がい》」を登録しようという議論も出てきていますが、まだ実現には至っていません。

差別語については、社会的な意識に基づき、自然発生的にではなく意図的に置き換えが進められます。しかし、そうした社会的な意識にたいしては、言葉狩りという目で見られることも多く、論争が絶えない領域です。

次々に生まれる新語

すでにあった語としてではなく、社会状況の変化や科学技術の進歩によって、新たな語が生まれることがあります。

地球も温暖化によって平均気温が急上昇しました。「夏日」は最高気温が二五度以上、「真夏日」は同三〇度以上になる日のことですが、二一世紀になってから耳にするようになった「猛暑日」は、真夏の最高気温が三五度を超えるのが当たり前になってきたという気候の変動が、その背景にあります。

異常気象は猛暑だけにとどまりません。豪雨という形としても現れるようになっています。集中豪雨によって急激に水かさが増し、まるでダムの放水のときのような急な増水が起こることが増えています。そうした激しい集中豪雨は、突然起こる予測不可能な豪雨であることから、「ゲリラ豪雨」と呼ばれるようになりました。

社会的な時代の変化によっても、新たな語が生まれます。かつての「一億総中流社会」から、「富裕層」と「貧困層」に明確に分かれる「格差社会」が到来しました。「契約社員」や「派遣社員」などの「非正規労働者」が増え、「貧困」は「連鎖」するものとして意識されるようになりました。こうした語は以前からあったものが多く、バブル絶頂期の人が読んでも、意味自体は理解できると思いますが、実感を伴って理解することは難しいのではないかと思われます。

新しい技術とともに、新語が生まれることも多いでしょう。ここに紹介する新語はすでに古いものであり、本書を読まれる読者の方はむしろ懐かしく思うかもしれません。「iPS細胞」「青色発光ダイオード」「ドローン」「ヒートテック」「3Dプリンタ」などがそれに相当します。いずれも現在では当たり前になった技術です。

新語を吸収するには、日々新しい情報に接し、自分の頭のなかの脳内辞書を更新していく必要があります。

ワードハンターという語をご存じでしょうか。虫が大好きな人が野山で昆虫採集をするように、言葉が大好きで、街なかで新語採集をしている人。それがワードハンターです。『辞書には載らなかった不採用語辞典』（飯間二〇一四）は、新語を積極的に採用するので有名な『三省堂国語辞典』の辞書編纂《へんさん》者が、辞書に収録することを目指して新語採集に勤《いそ》しんだ記録です。そこで紹介されている新語は、辞書には結局採用されなかったのですが、街で出会った新語への愛が行間ににじみでています。新語にたいするアンテナをつねに張っていれば、言葉の感度が自然と高まることが実感できます。

雅語の魅力

「わかりやすい文章」の弱点をご存じでしょうか。表現が定型化されていてつまらなくなることです。

わかりやすい文章は、わかりやすさを優先するがゆえに、手垢《てあか》のついた表現で構成されがちです。その結果、陳腐《ちんぷ》で脆弱《ぜいじゃく》な表現が増え、日本語の持っている豊かさが失われてしまいます。読者を惹《ひ》きつける文章にするためには、表現上ひとひねりし、読者の頭を使わせる工夫が必要です。

そんなときに使いたいのが、昔から使われている和語です。ここでは、古くから使われている上品で洗練された和語を雅語《がご》と呼ぶことにします。

雅語は、狭い意味では平安時代から使われる語を指しますが、ここでは古典的で優美な言葉全般を指して雅語としておきます。

たとえば、「春の宴会」という漢語、「春のコンパ」という外来語、いずれも即物的で、優美な印象に欠けます。そこで、「春の宴《うたげ》」としてみると、雅《みやび》な感じが出てきます。これが雅語の力です。

また、「郷里の親へ便りを書く」はどうでしょうか。何だか事務的な印象です。「書く」をどう変えればよいでしょうか。「郷里の親へ便りを綴《つづ》る」とすることもできますが、やや落ち着かない感じです。「郷里の親へ便りを認《したた》める」がよいでしょう。

「木の葉が風に吹かれる」はどうでしょうか。事実は描写できていますが、詩的なセンスが足りません。「木の葉が風に踊る」とする方法もあるでしょうが、「木の葉が風に舞う」のほうが自然な感じがします。「木の葉が風にそよぐ」とする手もあり、木の葉が微風に揺れている感じで、柔らかな表現になります。

「試験前に読書に熱中する」というのは自然な表現ですが、普通すぎる表現です。「熱中する」をどうすればよいでしょうか。

「試験前に読書にハマる」ともできますが、雅な感じに欠けます。「試験前に読書に浸《ひた》る」とする手もあるでしょうが、「試験前に読書に耽《ふけ》る」というのがもっとも熱中している感じが出てよさそうです。

「ほめられて何だか恥ずかしい」というのも素直ですが、常識的な表現です。ひとひねりすると「ほめられて何だか照れくさい」でしょうか。これでもよいでしょうが、さらにひとひねりすると「ほめられて何だか面《おも》はゆい」という大人の表現にできます。

「落ち着いた雰囲気の住宅街」に住んでみたいと思う人は多いでしょう。しかし、住宅販売の広告としてはインパクトが不十分です。

「落ち着いた風情の住宅街」ではどうでしょうか。あまりよくなった感じはしません。「落ち着いた佇《たたず》まいの住宅街」として初めて、住宅の市場価値が高まりそうです。

「故人を振り返る会」はどうでしょうか。「振り返る」対象は通常、人ではなく出来事なので、何だか落ち着きません。「故人を懐かしむ会」にするとよくなりますが、さらに「故人を偲《しの》ぶ会」とすることで、死者を弔《とむら》う気持ちが強く表せます。

春は別れの季節です。転職者や退職者に贈る「別れの言葉」をどう表現すればよいでしょうか。

「贈る言葉」は素敵ですが、海援隊の色が強すぎます。「手向《たむ》けの言葉」も悪くはないのですが、葬儀を想起させる点で今ひとつです。旅立つ相手に贈るのは、「はなむけの言葉」がよいように感じます。

雅語は表現にうるおいを与え、日本語の豊かさを感じさせます。表現にひとひねり加えることで、読者を飽きさせない詩的な効果が生まれます。

文語調の言葉

今度は、古い文法に踏みこんでみましょう。文語調の言葉遣いが表現の幅を広げてくれることがあります。

①誰《た》が為に鐘は鳴る（ヘミングウェイ）――誰のために鐘は鳴る
②風と共に去りぬ（ミッチェル）――風と共に去った
③若きウェルテルの悩み（ゲーテ）――若いウェルテルの悩み
④ベニスに死す（トーマス・マン）――ベニスで死ぬ
⑤ツァラトゥストラはかく語りき（ニーチェ）――ツァラトゥストラはこう語った

いずれも世界の名作とされる作品のタイトルですが、どれも文語調の言い回しのほうがしっくりきます。口語にしても間違いではないのですが、文語調に慣れていると、何だかしまりのない感じがします。唯一、口語調でも通用しそうなのは、⑤の「ツァラトゥストラはこう語った」でしょうか。事実、そのような訳も存在します。

文語調は言葉に重みを与えます。聖書に由来する格言は、日本社会のなかに入りこんでいますが、基本的に文語訳聖書からの引用が多く見られます。

⑥働かざる者食うべからず
⑦人はパンのみにて生くるにあらず
⑧求めよ　さらば与えられん
⑨狭き門より入《い》れ
⑩はじめに言葉ありき

こうした文語調のタイトルは、テレビ欄にもしばしば現れます。

たとえば、二〇〇〇年から二〇〇五年にかけて放送されたＮＨＫの伝説のドキュメンタリー番組『プロジェクトＸ』の各回のタイトルにも、以下のような文語調が見られました。

⑪伝説の深き森を守れ
⑫エベレストへ　熱き一四〇〇日

⑬女子ソフト　銀　知られざる日々
⑭霞が関ビル　超高層への果てなき闘い
⑮父と息子　執念燃ゆ　大辞典
⑯わが友へ　病床からのキックオフ
⑰ラストファイト　名車よ永遠なれ
⑱炎なき台所革命

ここで特に目立つのは「深い森」→「深き森」、「熱い一四〇〇日」→「熱き一四〇〇日」、「果てのない闘い」→「果てなき闘い」、「炎のない台所」→「炎なき台所」のような、形容詞の古い形の使用です。

最後に、こうした文語調のレトリックを練習してみましょう。

以下の表現を文語調にしてみましょう。短い表現で重厚感を出すのに適しています。

⑲古い良い時代
⑳悪い慣習

㉑華麗な変身
㉒確固とした信念
㉓招かれない客
㉔目にも止まらない早業

⑲は「古き良き時代」、⑳は「悪しき慣習」、㉑は「華麗なる変身」、㉒は「確固たる信念」、㉓は「招かれざる客」、㉔は「目にも止まらぬ早業」となります。

お年寄りはたくさんの言葉を知っています。それは、それぞれの年代で多様な経験を重ね、そのたびに語彙を増やしてきたからです。趣味の多い人が専門語を広く知り、引っ越しの多い人が方言を広く知るように、時代を超えて生きてきたお年寄りは、それぞれの時代の、いわば時代語を広く知っているのです。そうした語彙の広がりが、その人の発想の広がりを保証しています。

人生経験の浅い若い世代もまた、過去の歴史に目を向け、そこから学ぶことで、そうした語彙の広がりの一端に触れることができるのです。

（十）実物を考える

語彙を知ることは世界を知ること

語彙を増やす方法の第十は、「実物を考える」です。言葉に詳しくなるためには、現実世界の実物に詳しくなることが必要です。

評論家の小林秀雄は「美を求める心」という文章において、「言葉は眼の邪魔になるものです。例えば、諸君が野原を歩いていて一輪の美しい花の咲いているのを見たとする。見ると、それは菫《すみれ》の花だとわかる。何だ、菫の花か、と思った瞬間に、諸君はもう花の形も色も見るのを止《や》めるでしょう。諸君は心の中でお喋りをしたのです。菫の花という言葉が、諸君の心のうちに這入《はい》って来れば、諸君は、もう眼を閉じるのです。それほど、黙って物を見るという事は難かしいことです」と述べています。

この話はなるほどと思いますが、小林秀雄は、名前を思いだすと思考が停まることを戒めただけで、語彙の重要性を否定したのではないと思います。

語彙を知ることは世界を知ることであり、語彙の知識を広げられると、花を見つけられるようになることもあると思うのです。

個室にこもって考えよう

私たちは毎日トイレに入りますが、そのなかにあるものの名称を案外知らないのではないでしょうか。「便器」という本体があり、そこに「便座」と「フタ」が付いています。駅やデパートの男子便所にある「小便器」にたいし、座れるタイプは「大便器」「腰掛け便器」とも呼ばれます。「和式／和風便器」と区別するための「洋式／洋風便器」という名称もあります。

また、「便器」には種類があります。便器のなかに詰まった異物を取り除くのに便利な「掃除口付便器」、車いすから便器に移動しやすい「車いす対応便器」、ベッドのそばで使える「ベッドサイド水洗トイレ」、小さい子どもむけの「幼児用大便器」など、さまざまなニーズに応えられるようになっています。

一方、男性用の小便器には、便器が足もとにあるタイプと、股間《こかん》の少し下にあるタイプとがありますが、いざ名前を聞かれると困ります。前者が「床置き型小便器」、後者が「壁掛け型小便器」となっており、なるほどと思います。

さて、個室トイレに入ったとき、まわりを見回してみます。トイレットペーパーを入れるところがあります。これは「トイレットペーパーホルダー」という名称が一般的で、「紙巻き器」とも呼ばれます。字を見ればそれぞれ意味はわかりますが、ふだん名前を意識することはないでしょう。

ちなみに、二つつながったタイプは「ツイントイレットペーパーホルダー」「二連紙巻き器」です。トイレットペーパーの「芯《しん》」を通す部分は「芯棒」と呼ばれます。最近は「芯なし」トイレットペーパーにも対応するようにできており、その場合は「芯なし用芯棒」という矛盾した名称になりますので、「アーム」と呼ばれることもあります。ちなみに、「芯なし」には「コアノン」「コアレス」という名称もあります。

トイレットペーパーホルダーの上部についているものは「フタ」と言い、「カバー」とは言いません。「カバー」は「フタ」にかぶせる布製のおしゃれなものを呼ぶときに使うからです。また、この「フタ」は、トイレットペーパーをきれいに切るためについています。そう考えると、この部分を「カッター」と呼ぶことも可能で、事実そのようにも呼ばれています。

便器とトイレットペーパーホルダーを中心に、トイレにあるものの名称を考えてみました。

その結果、小林秀雄の指摘とは逆に、ものをよく見るようになった自分がいるのに気づかないでしょうか。日常生活のなかでものの名前を探すことは、ものに注目することにつながるのです。

身体の内側に目を向けよう

語彙に注目すると、名前を手がかりに、身の回りのものをよく見るようになります。しかし、それだけではありません。私たちの身体の内側をもよく見るようになります。

たとえば、歯を考えてみましょう。私たちに歯は何本ありますかと聞かれて、二十八本と即答できない人は案外多いように思います。親知らずも入れれば三十二本になりますが、ここでは親知らずを除いて考えます。もちろん、人によって本数は違う可能性があり、現代人には少ない人が多いようです。

そのうち、まんなかにある「切歯《せっし》」（あるいは「門歯《もんし》」）が八本、その外側にある「犬歯《けんし》」が四本、さらにその外側にある「小臼歯《しょうきゅうし》」が八本、もっとも奥にある「大臼歯」が八本です。「切歯」は噛み切るために、「犬歯」は切り裂くために、「小臼歯」は砕《くだ》くために、「大臼歯」はすり潰《つぶ》すためにある歯です。このように、歯が二十八本あることを知り、それぞれの歯の役割を意識してブラッシングをするだけで、虫歯（専門語では「齲歯《うし》」）が減るだろうと思います。

虫歯になり、歯の治療のために歯医者さんに行くようになると、歯の構造を意識せざるをえなくなります。外から見ることができる歯の上部は歯冠部《しかんぶ》と呼ばれ、外側は鉄よりも硬い「エナメル質」、内側に「象牙質《ぞうげしつ》」、さらにその内側には「歯髄《しずい》」、いわゆる神経があります。虫歯が進行し、「エナメル質」を通り抜けて「象牙質」に至ると、痛みを伴うようになります。

一方、歯ぐきで覆われて外からは見られない歯の下部は歯根部《しこんぶ》と呼ばれ、外側の「歯肉」、いわゆる歯ぐきのなかは、「セメント質」「象牙質」「歯髄」の順に層をなしています。歯の下は「歯根膜《しこんまく》」を介して「歯槽骨《しそうこつ》」という骨のなかに埋まっています。

歯ぐきの病気も虫歯と同様に深刻です。

以前は、歯ぐきの病気は「歯槽膿漏《しそうのうろう》」と呼ばれていましたが、最近では「歯周病」と呼ばれるようになっています。すでに見た「日射病」と「熱中症」との関係に似て、「歯周病」のほうが包括的な概念で、より広い病状を指し、診断に便利だと考えられます。

歯の病気は予防するものであり、歯周病予防のための「プラーク・コントロール」という概念が浸透した結果、ふだんの歯みがきで「歯垢《しこう》」を落とし、「歯垢」が硬くなって取れなくなった「歯石《しせき》」を定期的に歯医者さんで除去してもらうのが一般的になりました。語彙の変化は意識の変化に結びつき、歯周病予防にも役立ちます。

よく、言葉は言葉の世界だけで完結していると考える人がいますが、それは錯覚です。言葉は現実世界と密接に結びついています。最近、高層マンションに暮らす子どもが、学力に伸び悩むという話を見聞きします。私自身もマンション育ちなので感覚としてわかるのですが、自然を肌で知る機会がどうしても減ってしまうのです。

水田を見たことがなく、お米がどのようにできるか、知識でしか知らない子どもが増えています。そのように頭でっかちになると、語彙の身体的理解がどうしても浅くなり、たとえば水田の役割をテーマにした国語の教科書の文章を読んでも、理解できないということが起こってしまうのです（石黒二〇一三）。

語彙は机上ではなく現場で学ぶもの。そうした感覚がとても重要だと思います。

（十一）語構成を考える

形態素とは何か——意味の最小単位

第二章「語彙の『量』を増やす」では、語彙のレパートリーを増やし、同じ対象を指す場合でもさまざまな言い方が可能であることを学んできました。つまり、多様な観点から見ると、語彙にはさまざまな種類があり、その種類ごとに語彙のレパートリーの広げ方があることを学んできたわけです。

ここでは、語彙を増やす方法の最後の方法、「語構成を考える」を紹介します。ただ、これまでの見方とは異なり、自分で語彙を作って増やす方法です。語彙を作るためには語彙の仕組みから説明する必要があります。そこから話を始めましょう。

私の勤務先は、「国立国語研究所」です。これは語と考えられます。この語を、意味に基づいてさらに細かく分割してくださいと言うと、おそらく「国立／国語／研究所」と三分割するか、「国立／国語／研究／所」と四分割するかでしょう。文字にすると最大七文字に分割できますが、耳で聞いたときに「こく／りつ／こく／ご／けん／きゅう／じょ」としても意味をなしません。したがって、意味の最小単位は「国立／国語／研究／所」という四つのパーツになります。このような意味の最小単位を「形態素」といいます。

「国立」「国語」「研究」「所」と四分割した場合、「国立」「国語」「研究」はそのまま語としても使えます。このように、単独で語として使えるものを「自由形態素」といいます。

一方、「所」のように、単独では使えず、「研究」という形態素と一緒でないと使えないものを「拘束形態素」といいます。「所」は場所の名詞にする働きを持つもので、「所」のように、実質的な意味ではなく、文法的な機能を添えるものは、一般に「接辞《せつじ》」と呼ばれます。接辞は「お菓子」の「お」のように語基（接辞がつく相手）である「菓子」のまえにつく「接頭辞《せっとうじ》」、「食べる」の「る」のように語基（語幹）である「食べ」のあとにつく「接尾辞《せつびじ》」に分かれます。「研究所」の「所」は接尾辞です。

ちなみに、「国語」「研究」のように一つの語基で一語を形成する場合は「単純語」、「国語研究」のように複数の語基で一語を形成する場合は「複合語」、「研究所」のように語基と接辞を組み合わせて一語を形成する場合は「派生語」と呼ばれます。複合語と派生語、それと、

「国々」や「ゆるゆる」のように同じ語基を反復して作る「畳語《じようご》」の三つを合わせて「合成語」と呼ぶこともあります。

形態素や語基・接辞といった、要素の結びつきによる語の成り立ちは、「語構成」と呼ばれ、研究・教育に役立てられていますし、私たちは未知語に出会ったとき、語構成を分析して意味を理解しようとします。

我が家の子どもたちがおじいちゃんにクイズを出しました。「地球上で一番大きい生き物は何か?」というクイズで、答えはシロナガスクジラです。ところが、おじいちゃんは「ジャイアント馬場」と答えました。その突飛《とつぴ》な答えに子どもたちは大笑いしたのですが、子どもたちは伝説のプロレスラー「ジャイアント馬場」の生前の活躍を知らないはずです。

あとで子どもたちに「ジャイアント馬場」の意味を確かめてみたところ、小五の長女は「ジャイアント」が名字で「ババ」が名前の背の高い外国人だと思っていたようです。一方、小二の次女は「ジャイアント・パンダ」の連想から、そうした変わった名前の動物がいると考えていたようでした。子どもたちは形態素や語基・接辞という専門語はもちろん知りませんが、語構成をそれなりに適切に分析する術《すべ》を持っていることに驚かされました。

文章の一部など、意味のある文字列が与えられたとき、形態素に分割して、それぞれの形態素の品詞などを判別する手法を形態素解析といいます。その技術はGoogleをはじめとする検索に利用されています。

たとえば、「国立国語研究所」で検索すると、「国立国語研究所」だけでなく、入試の話題も引っかかります。それは「国立大学二次試験」「英語・国語・地歴公民の文系科目」「ベネッセ教育総合研究所」のように、「国立」「国語」「研究所」が分割されて検索されているからです。もし「国立国語研究所」という語だけで検索していたとしたら、こうしたページがヒットすることはありません。検索の精度を高めるために形態素解析が使われていることがわかります。

もちろん、最近の検索技術は、形態素解析にとどまりません。「もしかして○○」と教えてくれる機能もありますし、私がエクセルを使ってまとめて割り算がしたかったときに、「まとめて」「割り算」「エクセル」と入力したところ、最初にヒットしたページは「エクセルでの一括計算方法」でした。「まとめて」という語を「一括」という、より適切な類語に置き換えてくれていたわけです。私たちが気づかないだけで、本書に書いてある内容の一部は、すでにコンピュータの技術として実用化されています。

形態素の使い分け――「人」「者」「民」……

私たちは、自分の頭のなかにある形態素解析器を使って、語の意味を分析しますが、それだけではありません。形態素をつけて新たな語を作ることがあります。ここでは、人につく形態素を例に考えてみましょう。

人につく形態素は「人《にん》」「人《じん》」「者《しゃ》」「民《みん》」があります。

「人《にん》」と「人《じん》」は微差ですが、どちらが「人《にん》」でどちらが「人《じん》」か考えていると、次第にわからなくなります。歴史的には「人《にん》」が呉音、「人《じん》」が漢音で、歴史的には「人《じん》」のほうが古いのですが、現代人にはそうした感覚はあまりないように思います。二字の「人《にん》」の語は「職人」「商人」「町人」「住人」「役人」「芸人」「善人」「悪人」「浪人」「犯人」「本人」「他人」など、江戸時代的な、より古い語感があるような印象で、二字の「人《じん》」は「個人」「友人」「故人」「家人」「主人」「婦人」「法人」「老人」「賢人」「偉人」「才人」「凡人」「成人」「新人」「外人」「黒人」「白人」「文人」「詩人」など、それよりもあとの明治・大正期の語感があるような印象があります。しかし、いずれも現代的な語感ではないところは共通しています。

一方、三字では、「人《にん》」は、「管理人」「案内人」「世話人」「支配人」「料理人」「商売人」「代理人」「使用人」「相続人」「保証人」など、「〇〇する人」という言い換えが可能なのにたいし、「人《じん》」では、「組織人」「社会人」「常識人」「知識人」「国際人」「教養人」「外国人」「中国人」「日系人」「関西人」「都会人」など、「○○する人」という言い換えが不可能です。「(週刊)読書人」のような例外がないわけではありませんが、だいたいこの傾向が当てはまります。

「者」は二字の場合は職業が多そうです。「業者」「学者」「記者」「医者」「役者」「易者」「芸者」などです。三字の場合は役割を担うもの全般を指すようです。「経営者」「所有者」「編集者」「質問者」「回答者」「生産者」「消費者」「調査者」「観察者」「研究者」「教育者」「出演者」「視聴者」などです。「高齢者」「年少者」「身障者」「健常者」「初心者」「経験者」などはかならずしも役割とは言えませんが、三字の「者」は人を客観的に分類するときによく使われそうです。

「者」全体としては、「人」にくらべて抽象的で集合的であると感じられます。職業・身分などによって人をまとめて分類するのが「者」の特徴なので、「人」にくらべて個人の顔が見えにくい印象があります。

「民」は、同一のカテゴリに属する人の集団です。「国民」「県民」「市民」「町民」「村民」「島民」「住民」「農民」「漁民」「難民」「避難民」「ネット民」などがそれに該当します。

「者」と共通する部分もありますが、「者」は身分・役割によって人を分類するところに焦点があるのにたいし、「民」は対等な立場にいる人をまとめるところに焦点があります。共同体意識が強い形態素でしょう。

ほかにも、前につくものが和語であれば、「村人」「旅人」「待ち人」「尋ね人」の「人《びと》」や「若者」「悪者」「曲者」「愚か者」のような「者《もの》」などもあります。

「員」「官」「家」「手」「師」「士」……

一方、職業では、「者」のほかに、「員」「官」「家」「手」「師」「士」など多様であり、選択に迷います。

たとえば、私は大学院の「指導教員」ですが、「指導教官」ではありません。日本中の大学に、いまや「指導教官」はいません。国立大学法人になり、国立大学の「教官」はすべて「教員」になってしまったからです。また、「看護婦」「保母」という語から女性的な要素を除く言い換えが行われたとき、「看護師」「保育士」となりました。「師」と「士」の使い分けもややこしそうです。以下、順に見ていきましょう。

「員」はメンバーの訳語という先入観がありますが、「職員」「教員」「行員」「局員」「社員」

「議員」「委員」「駅員」「調査員」「会社員」「事務員」「公務員」「乗務員」「学芸員」「図書館員」と見ていくと、むしろ組織のスタッフを表す言葉と考えるのがよいでしょう。

「官」は、「教官」「技官」「士官」「警察官」「刑務官」「自衛官」「裁判官」「外交官」「官房長官」「航空管制官」など、国をはじめとする公のスタッフを表す言葉です。広義の「公務員」が「官」に当たります。

「家」は、想像力を発揮する芸術系の職業につきやすい形態素です。個人で独立して生計を営む性格の職業につきます。「作家」「小説家」「脚本家」「画家」「漫画家」「芸術家」「陶芸家」「建築家」「評論家」「実業家」「起業家」「投資家」などがそれに当たります。

「手」は、本人の持っている能力が問われる職業につきますが、あまり広がりはありません。野球選手の守備位置に使われるのが目立つ程度です。「歌手」「騎手」「技手」「助手」「運転手」「選手」「野手」「投手」「捕手」「内野手」「外野手」などです。

「師」は、文字のイメージから「先生」と呼ばれる職業につきそうですが、全体から考えるとそれはごく一部で、むしろ限られた専門領域で高い技量を持つ人と考えたほうがよいでしょう。「教師」「講師」「医師」「牧師」「歯科医師」「獣医師」「看護師」「放射線技師」「指圧師」「整体師」「保健師」「薬剤師」「調理師」「理容師」「美容師」「絵師」「焼物師」「はり師」

「庭師」「研《と》ぎ師」など多様です。「詐欺《さぎ》師」「ペテン師」「いかさま師」など、特殊技能を生かした、あまりありがたくない職業もどきにもつきます。

「士」も、専門領域で高い技量を持つ人につきますが、公的な資格を持つ人という意味合いが強いようです。「士」のつく言葉一覧を作ると、さながら資格試験の通信講座の宣伝のようです。「弁護士」「行政書士」「税理士」「公認会計士」「不動産鑑定士」「気象予報士」のような事務系の専門職、「介護士」「社会福祉士」「作業療法士」「歯科衛生士」「理学療法士」「臨床心理士」のような福祉・医療系の専門職、「操縦士」「機関士」「航海士」「航空士」のような乗り物系の専門職、さらに、「消防士」「栄養士」「建築士」「測量士」など、多岐にわたります。

なお、二字のものにかぎると、公的な資格を持つという印象は薄れ、「学士」「修士」「博士」「文士」「名士」のような頭脳系のもの、「武士」「力士」「騎士」「戦士」「剣士」のような戦闘的なものが目立つようになります。

形態素の造語力

形態素のなかでも、ある時代のなかで、新しい言葉を生産する造語力が高まるものがあります。

以前からあるものとしては、「初婚」「再婚」「早婚」「晩婚」から、「派手婚」「地味婚」「できちゃった婚」「おめでた婚」などへと広がっていった「○○婚」、「想像力」「行動力」「指導力」「忍耐力」から、「鈍感力」「老人力」「質問力」「女子力」など、売れる書名へと広がっていった「○○力」などがあります。

ここでは、最近の代表的なものとして、「○○ハラ」「○○活」「○○甲子園」を取りあげます。

「○○ハラ」は、「ハラスメント（嫌がらせ）」を短くした言い方です。「セクハラ」（セクシャル・ハラスメント）、「パワハラ」（パワー・ハラスメント）、「アカハラ」（アカデミック・ハラスメント）、「モラハラ」（モラル・ハラスメント）、「マタハラ」（マタニティ・ハラスメント）などがよく知られています。

「ブラハラ」「オワハラ」をご存じでしょうか。「ブラハラ」は血液型で相手の性格診断をし、それによって相手を不快にさせる行為です。「あなたはB型だから……」のような言い方で傷ついた方は少なくないのではないでしょうか。「ブラッドタイプ・ハラスメント」の略です。また、「オワハラ」は、「就活終われハラスメント」の略で、企業が内定予定者に他社の内定辞退を強要したり、内定辞退者にたいして辞退撤回を迫る脅《おど》しをかけたりする行為を指します。

最近では何でも「〇〇ハラ」になり、いささか食傷《しょくしょう》気味の方も多いでしょうが、残念ながら、現代社会の多岐にわたる「ハラスメント」自体は衰える気配が見えません。

「〇〇活」は、「就活」すなわち「就職活動」から始まった言葉ですが、人生における新たなステージに移る活動全般に広がるようになりました。

結婚相手を見つけるための「結婚活動」である「婚活」、その前段階である素敵な恋愛対象を見つけるための「恋愛活動」である「恋活《こいかつ》」、子どもを授かるための不妊治療を中心とした「妊娠活動」である「妊活」、生まれてきた子どもを預ける保育園を探す「保活」、離婚の準備を遺漏《いろう》なく進めるための「離活」、人生の終わりを自分らしく迎えるための「終末活動」である「終活」などがあります。

「〇〇活」という語には、人生の多様な局面を積極的に捉えて乗りきろうとする前向きな語感があり、それは「離活」でも「終活」でも例外ではありません。そうした前向きな語感が、これだけ「〇〇活」を広げるきっかけになったと思われます。

最近では、「〇〇活」の意味が女性を中心にさらに広がりつつあります。女性としての美を取り戻す「美活」、身体を温めて冷えや生理痛を軽減する「温活」、質のよい睡眠をとってキレイを目指す「寝活《ねるかつ》」、キノコや発酵食品で腸内をきれいにして美肌を作る「菌活」などです。人生の新たなステージだけでなく、日々の生活習慣改善のための「○○活」は、やや商業主義的な造語色も帯びていますが、しばらくはその勢いは続きそうです。

「○○甲子園」も、地味に広がっている名称です。もちろん、もともとは「甲子園」は兵庫県西宮市の地名であり、阪神タイガースの本拠地である阪神甲子園球場に由来するもので、高校球児が全国一を目指す「選抜高等学校野球大会」（春の大会）、「全国高等学校野球選手権大会」（夏の大会）の別称です。

ところが、最近では、開催地が甲子園でなくても、高校生が全国一を決める大会には「○○甲子園」という通称が使われます。

「かるた甲子園」は、「全国高等学校小倉百人一首かるた選手権大会」の通称で、滋賀県大津市の近江神宮で行われます。「俳句甲子園」の正式名称は、「全国高等学校俳句選手権大会」で、会場は愛媛県松山市です。

「ものづくり甲子園」は、「高校生ものづくりコンテスト全国大会」ですし、ＴＶ系のものでは「ダンス甲子園」や「知力の甲子園（高校生クイズ）」がありました。現在では、高校生日本一というところからも外れた「接客甲子園」「電車甲子園」「ビブリオバトル甲子園」など、さらに裾野《すその》が広がっています。

まったく新しい言葉を自分で創りだすことは難しいのですが、語構成を考えて形態素を組み合わせると、自分の感覚にピッタリくる言葉が作れることがあります。「アウェー感」「着こなし力／着回し力」「街ラン／街ＲＵＮ」など、おもしろいと思える言葉が身の回りでも次々に生まれています。こうした語彙を知ることもまた、語彙を増やす楽しみといえるでしょう。

第三章　語彙の「質」を高める

第二章では、語彙力を支える両輪の一つ、語彙の量、すなわち豊富な語彙知識の増やし方について考えました。第三章では、語彙力を支える両輪のもう一つ、語彙の質、すなわち精度の高い語彙運用の方法について考えます。

最初にご紹介するのは、語の正確さです。書き手と読み手の言葉の使い方が一致して初めて、言葉は伝わります。書き手が言葉の使い方を間違ってしまい、読み手の使い方と一致しなくなると、言葉は伝わらなくなります。このため、言葉を正確に使うことは、コミュニケーション上きわめて大切です。

「①誤用を回避する」では、誤解されない正確な言葉の使い方を考えます。「②重複と不足を解消する」では、情報の面で無駄になる重複と、反対に足りなくなる不足を考えます。いずれも言葉の正確な使用を妨げる要因です。「③連語の相性に注意する」では、「お金を出す」「お金を払う」「お金を使う」のような語の組み合わせを考えます。これもまた、言葉の正確な使い方と関連します。

次にご紹介するのは、語のニュアンスです。どんなニュアンスの語を選ぶかで、読んだときの印象がかなり違ってきます。

「④語感のズレを調整する」では、語が使われている環境と語のニュアンスのミスマッチを調整する方法を考えます。「⑤語を適切に置き換える」では、ある語を別の語に置き換えることで、意味をぼかしたり、反対に明確にしたりする方法を考えます。「⑥語の社会性を考慮する」では、語がその背後に持っている文化的背景について考えます。こうした文化的背景が語のニュアンスに微妙な影響を与えますので、語彙選択のさいには無視できない要因です。


そのあとにご紹介するのは、語の意味の幅です。語の意味というものは、文脈のなかで拡大したり変化したりする生き物のような存在です。語の意味の幅と、意味の揺れを計算できるようになると、語彙選択の精度が上がってきます。

「⑦多義語のあいまいさを管理する」では、多義の意味の揺れと、その揺れを抑える方法を考えます。「⑧異なる立場を想定する」では、読み手を意識した語彙選択を考えます。どのような読み手を想定するかで意味の解釈の幅は異なり、それにおうじて語彙選択は自然と変わってきます。

最後にご紹介するのは、語の感覚的側面です。

「⑨語の感性を研ぎ澄ませる」では、比喩とオノマトペに代表される感覚表現について考え、言葉の感度を高めます。「⑩相手の気持ちに配慮する」では、敬語の選択について考えます。とくに、上から目線の敬語使用と、慇懃無礼《いんぎんぶれい》な敬語使用に注意を喚起します。「⑪心に届く言葉を選択する」では、言葉選びの過程もふくめて文章のなかに表現し、重層的に読み手の心に言葉の意味を刻みこむ方法を考えます。

以上、本章では「①誤用」「②重複と不足」「③連語の相性」「④語感のズレ」「⑤語の置き換え」「⑥語の社会性」「⑦多義語のあいまいさ」「⑧異なる立場」「⑨語の感性」「⑩相手の気持ち」「⑪心に届く言葉」という計十一の観点から、文脈に合った、精度の高い適切な語彙選択の方法をマスターすることを目指します。

①**誤用**：今どき銀行に虎の子を預けても、たいして金利はつかない。
→利息

②**重複**：手元にあると管理が不安なので、銀行に預金を預けてある。
→預金してある

②**不足**：一度申請しておくと、定期を自動で積み立てることもできる。
→定期預金

③**連語の相性**：ながらく放置してある銀行口座をやめる方法を知りたい。
→解約する

④**語感のズレ**：急激なインフレによる預金額の目減りが期待される。
→懸念

⑤**語の置き換え**：昨日友人に頼んで、1万円札を2枚借りた。
→諭吉先生

⑥**語の社会性**：一店舗あたりの銀行員と女子行員の数が減りつつある。
→銀行員

⑦**多義語のあいまいさ**：インフルの治療費は医療保険の保障対象外だ。
→民間の医療保険

⑧**異なる立場**：個人投資家の投資は、時として大胆だ。
→無謀

⑨**語の感性**：いくら稼いでも、税金をがっぽり持って行かれる。
→ごっそり

⑩**相手の気持ち**：規定により、中途解約には応じかねます。
（申しわけありませんが、）→応じられません

⑪**心に届く言葉**：擦り切れることのない財布を作り、尽きることのない富を天に積みなさい。（『聖書』「ルカによる福音書」12章33節）

図3-1　語彙の「質」11の観点の文例

（お金の話題を例に、本章の語彙の「質」の高め方を簡単に図示します）

（一）誤用を回避する

留学生と子どもに学ぶ

語彙の質を高める方法の第一は、「誤用を回避する」です。

語彙の精度を高めるには、語を正確に使う必要があります。留学生に日本語を教える日本語教育に携わっていると、留学生たちは誤用という興味深い間違いを提供してくれます。そうした間違いを修正するのが、日本語教師の仕事の一つです。

私が初めて日本語を教えたとき、日本に来て一週間も経たない学生に、「先生、いただきます」と言われて驚いたことがあります。どうも「おはようございます」と言いたかったようなのですが、一瞬食べられてしまうかと思いました。

友人の日本語教師は、よく相談に来る親しい留学生に「私はいつも先生に迷惑をかけて、ごめんくださいと言われ、家に上げてあげたくなったといいます。

日本語力の高い留学生でも、ときどきおもしろいことを言ってくれるので、楽しみです。休み明け、ある留学生に、「先生、やけどしましたね」と声をかけられました。夏季休暇中、家族で沖縄に行って黒くなっていただけなのですが、日に焼けすぎて「日焼け」が「やけど」に近くなっていて、妙に納得できました。

また、別の留学生には、「人の悪口ばかり聞いていて、気持ちが悪くなりました」と言われ、惜しいと思いました。「気持ち」ではなく「気分」だったら満点です。「気持ち」は生理、「気分」は心理です。でも、ひょっとしてほんとうに悪口の聞きすぎで、「気持ち」が悪くなったのかもしれません。

幼い子どももおもしろいことをいろいろ言ってくれるので、メモ帳が手放せません。虫捕りをしていて「つかまえる」という語がマイブームになった我が家の二歳児は、「髪の毛をつかまえる」「どんぐりをつかまえる」と言っています。髪の毛は「つかむ」、どんぐりは「拾う」です。小学一年生の娘は、沖縄行きの飛行機に乗っていたとき、「飛行機がだんだん落ちてきた」と言っていました。怖いことを言うものです。「降りてきた」でなければなりません。

アナウンサーも間違える

もちろん、語彙の正確さを欠くのは留学生や子どもに限りません。テレビのアナウンサーでさえ間違えます。

文化放送で二日、箱根駅伝の解説を務めた東洋大ＯＢの柏原竜二（二四）＝富士通＝が、テレビで「柏原なき後…」と実況されたことを受け、自身のツイッターで「テレビ実況では死んだことになっているらしいアカウントはこちらです」と、シュールにつぶやいた。

その直後にも「妹から『お兄ちゃん死んだことになってるよ』と連絡がきました」と、投稿した。

その後も、「全国ネットで亡き者にされてから街中を歩くってすげぇ寂しいよ（笑）」などと、〝騒動〟をネタにツイート。反響は大きく、ツイッターのフォロワーは九万人を突破。柏原は「いつの間にやら九万人になってますが、どうしよう」と反響の大きさに驚いていた。

柏原は二〇一二年に東洋大四年時に往路四連覇に貢献、史上八人目となる四年連続区間賞をマークし〝山の神〟の異名をとった。卒業後、実業団の富士通入りした。
（〝山の神〟柏原「死んだことに…」『デイリースポーツオンライン』二〇一四年一月二日）

大学を卒業して実業団に入った選手を「なき後」と表現してしまったことで、誤解を招いてしまったわけです。中心選手を失ったことを表現したかったのでしょうが、やや無理があるように思えます。

箱根駅伝関連では、同日、やはり実況中継を聞いていた私が気になった表現がありました。駒澤大学、東洋大学、日本体育大学という当時の三強の「三すくみ」という表現です。「三すくみ」は、たとえば、駒澤大学が東洋大学に強く、東洋大学が日本体育大学に強く、日本体育大学が駒澤大学に強いといった、じゃんけんのグー・チョキ・パーのような関係を表します。おそらく実況では、三者の戦いを表す「三つどもえ」と言いたかったのだと思いますが、生放送という即興の場では、とっさの語彙選択に迷いが出るものです。

言い間違いと書き間違い

日常生活で人が話す言葉に耳を傾けていると、言い間違いの収集にも事欠きません。

音位転換（メタセシス）と呼ばれる現象があります。「したつづみ（舌鼓）」が「したつつみ」、「あとずさり（後退り）」が「あとさずり」、「ふんいき（雰囲気）」が「ふいんき」になってしまうような例です。ワープロソフトに間違いを指摘されて、初めて気付くこともしばしばです。

ほかにも、「まいいん」と「まんいん（満員）」、「ふぐわい」と「ふぐあい（不具合）」、「うるおぼえ」と「うろおぼえ（烏鷺憶え）」、「ねんぼう」と「ねんぽう（年俸）」、「人間ドッグ」と「人間ドック」、「シュミレーション」と「シミュレーション」、「アボカド」と「アボガド」、「カピパラ」と「カピバラ」など、自分が憶えやすいように音を変えてしまっているケースは少なくないでしょう。いずれも後のものが正しい形です。

書き間違いも気をつける必要があります。

「清貧の思想」をメーカー勤めの人が「製品の思想」と打ち間違えたり、失業者が「ただいま求職中」を「ただいま休職中」としてしまったり、「仮面ライダーが変身する」が「仮面ライダーが変心する」と突然心変わりしてしまったりする、いわゆる変換ミスはみなさんご経験が豊富でしょうから、詳しくは述べません。気をつけたいのは、誤りであるにもかかわらず、文脈にうまくはまっていて、不自然でないので思わず見逃してしまうミスです。一見して、次の①～⑤のミスがおわかりになるでしょうか。

①EXILEのファイルをもらった。
②ネガティブ・スピーカーに英語を教えてもらう。
③トイレに載っているポテトが出てきた。
④デパートの屋上の古い小屋に入ったことがある。
⑤就職活動で成功するためにはまずは働け。

①は「EXILE」が誤りで、「EXCEL（Excel）」です。もちろん、「EXILE」のクリアファイルか何かであれば正しいです。
②は「ネガティブ・スピーカー」ではなく、「ネイティブ・スピーカー」です。もちろん、「ネガティブなネイティブ・スピーカー」もいる可能性はあります。
③は「トイレ」ではなく「トレイ」です。「トイレ」に載っているポテトはさすがに食べる気にはならないでしょう。
④は「古い小屋」ではなく「占い小屋」です。斜陽のデパートなら、屋上に「古い小屋」

があるかもしれませんが、そこに入ることはちょっと考えにくそうです。

⑤は「働け」ではなく「動け」です。もし働いているのであれば、就活の必要はありません。新卒の就活成功の極意は、早め早めに「動く」ことでしょう。

類似表現の混同

表現の正確さで失敗しがちなのが、表現の混同です。

東京ビッグサイトに行きたいと思い、「国際会議場駅」を検索したのですが、さっぱりヒットしません。それもそのはず、「国際展示場駅」でした。京都市営地下鉄の「国際会館駅」や大阪の京阪電鉄の「中之島駅（大阪国際会議場）」と混乱していたようです。

「おてふき取って！」と頼んだら、「おしぼりでいい？」と言われたこともあります。手を拭《ふ》くための湿ったものという点では同じですが、「おてふき」は紙製の使い捨てで、個別包装されている感じがします。これにたいし、「おしぼり」は布製で、「おてふき」よりも高級感があり、冷えたものや熱いものがサービスで出されることもあります。最近は、「おてふき」と同じ紙製でありながら、個別包装ではないという点で異なる「ウエットティッシュ」もありますから、事情はさらに複雑です。

学生のレポートを添削していると、「著書自身」や「著者自体」のような表現もしばしば目にします。「自身」は直前にヒト、「自体」は直前にモノが来るという使い分けが一般的だと思うので、こうした細かいところにも配慮が必要でしょう。

住民票の「写し」という表現も、若い学生には理解しがたいようだという話を、大学の事務の方から聞いたこともあります。「写し」はあくまでも原本の「写し」であり、市役所などの公的機関が発行するものですが、住民票の写しの「コピー」を持ってくる学生が後を絶たないのだそうです。「写し」と「コピー」は別物なのですが、単なる語種の違いだと勘違いしてしまうのでしょう。

「さておいて」と「さしおいて」の区別もやっかいです。「先輩をさておいて、先に食事を始めるとはいい度胸だ」の場合は、「さしおいて」です。

「いわゆる」と「いわば」の区別も難しいと感じている人が多いようです。

「いわゆる」は、みんながそう呼んでいるということを意味し、自分はそうは呼ばないと考えている場合もあります。「うちの弟は大学に入学しながら再受験を考えている、いわゆる仮面浪人だ」のような例が適切でしょう。

一方、「いわば」は「あえて言えば」という意味を表し、「うちの弟は働きながら苦労して大学に通っている、いわば苦学生だ」となります。

こうして並べると似ていますが、「いわゆる」と相性がよいのは通称・俗称であり、「仮面浪人」という俗称は「いわゆる」と相性がよさそうです。一方、「いわば」と相性がよいのは、比喩的で象徴的な言い回しであり、「苦学生」という象徴的表現は「いわば」と相性がよさそうです。

格言もうろおぼえで使いがちなものです。「雪辱《せつじょく》を晴らす」か「雪辱を果たす」か、「的《まと》を得《え》る」か「的を射《い》る」か、「汚名挽回《ばんかい》」か「名誉挽回」か、どちらが正しいか、おわかりになるでしょうか。いずれも後者が正解です。

「屈辱を晴らす」と「雪辱を果たす」、「当を得る」と「的を射る」、「汚名返上」と「名誉挽回」のように、正しいものどうしの対《つい》にして並べると誤解がないでしょう。つまり、うろおぼえによって、この両者の混同が起きているわけです。

間違いが定着すると、次第に正しい用法が駆逐されます。私は次のような文を読んで違和感を抱きました。
・私たちに払える住宅ローンの金額はどれくらいかなどと、夫婦であれこれ話しているうちに、重要なのは家ではなく、子どもが無事成長することではないかと考えが煮つまりました。

しかし、これは違和感を抱いた私が問題で、本来は正しい用法です。結論が出ずに立ち往生する「行きづまる」の言い換えとしての「煮つまる」は、以前は間違いとされていた新しい用法で、もともとは「そろそろ結論が出る」という意味だったのだそうです。

自分の語感だけを頼りに判断すると、思いこみで誤った判断をしてしまうことがあります。誤用をしないためには辞書を引く習慣が重要だと痛感した次第です。

(二) 重複と不足を解消する

重複表現——表現の力を信頼せよ

語彙の質を高める方法の第二は、「重複と不足を解消する」です。

語彙の精度を高めるために気をつけなければいけないのは、重複と不足です。まず、重複表現、すなわち重言《じゅうげん》から見てみましょう。

・起業は最初の出発点が大切だ。

この文を読んで、おやっと思う感覚が大切です。右の文は、「起業は最初が大切だ」や「起業は出発点が大切だ」ならばわかるのですが、「最初の出発点」と書かれると、「二番目の出発点」や「三番目の出発点」は何だろうかと混乱してしまいがちです。余計な情報が正確さを欠く原因となるわけです。

「落ち葉が落ちる」「違和感を感じる」「筋肉痛が痛い」「最も最強」のように、漢字が重なる重言はすぐに気づくのですが、漢字が重ならない重言は気づきにくいので、注意が必要です。

では、早速、練習問題に挑戦してみましょう。

①まず最初に課長のあいさつがある。
②各自治体ごとにそれぞれ喫煙防止教育プログラムがある。

③来所によるご相談は事前予約をお願いします。
④コーヒーのミルク、いっぱい入れすぎてしまった。
⑤二人は長い時間おたがいに見つめあっていた。
⑥この手作りケーキ、プロ並みのレベルの腕前だね。
⑦購入したばかりの新しいパソコンが壊れてしまった。

①の「まず最初」は有名ですので、ご存じの方も多いでしょう。「最初」があれば、「まず」は不要です。「第一回目」のようなパターンも同じです。「第一回」か「一回目」で十分です。

②の「各自治体ごと」も、①に近いパターンです。「各自治体」か「自治体ごと」で「一つひとつの自治体」の意味になります。しかも、この文脈では「それぞれ」がありますので、「自治体には」としてしまえば、「各」も「ごと」も不要です。

③の「事前予約」はよく使われる表現ですが、「事後予約」はできない以上、「事前予約」は重言だと思われます。「事前登録」や「事前申し込み」であれば、まとめて予約の意味になるのでOKです。「あらかじめ用意する」「あとで後悔する」など、時間の先後による重言は案外多いものです。

④は「いっぱい入れすぎ」が引っかかります。「入れすぎて」いたなら、「いっぱい」に決まっているからです。類例としては「あまりにも忙しすぎる」や「過半数を超える」のようなものがあります。量の表現は過度であることを強調しがちなので、重言に注意が必要です。

⑤は「おたがいに見つめあう」に重複感があります。「おたがいに」なので「見つめあう」のは当たり前だからです。副詞的な語と複合動詞の組み合わせで起きる重言は、ほかにも「あらためて数えなおす」「家のなかにずっといつづける」「徹底的に調べつくす」などがあり、よく見られる重言です。

⑥の「プロ並みのレベルの腕前」もまた重複表現です。あっさりと「プロ並みの腕前」か「プロのレベルの腕前」でよいでしょう。「食後のデザートにチーズケーキを食べた」のような例も似ています。「食後に」か「デザートに」で表現可能です。

⑦は「購入したばかりの新しいパソコン」もよくみると重言です。「購入したばかりの古いパソコン」は中古品でないかぎり、ありえないからです。「購入したばかりのパソコン」で十分でしょう。

重言を減らすポイントは一つひとつの表現の力を信頼することです。そうすることで、過剰な表現が減り、すっきりした表現になります。

過度の省略表現

一方、情報の不足につながる過度の省略表現についても注意が必要です。

日常会話では、目の前の相手が理解できれば済むため、表現の省略が過度に進んでいます。専門的には換喩《かんゆ》（メトニミー）と呼ばれ、隣接するものに言及することで済ます表現です。たとえば、「冷蔵庫を開ける」「扇風機を回す」「電話を取る」は、正確を期すと、「冷蔵庫の扉を開ける」「扇風機の羽を回す」「電話の受話器を取る」ですが、そこまでいちいち厳密に言う人もいないでしょう。

しかし、書き言葉は不特定多数に伝える表現ですので、文脈を共有していない相手には、できるだけ正確な言葉遣いをしたほうが無難です。したがって、換喩的な省略を含む表現は避けたほうがよいでしょう。

次の①〜⑧には、過度な省略表現が含まれています。読み手に誤解されることのないように、省略されている部分を補ってください。

①ハラスメント研修会にかならず出席のこと。

②ホテルで挙げる結婚式は高い。
③第一志望の会社、一次は無事パスした。
④店に入ってカウンターに座った。
⑤調子が悪くてうかがえません。
⑥机にむかって、ひたすらパソコンを叩《たた》いた。
⑦図書利用アンケート調査のお願い
⑧一六〇キロ中学生が迫力始球式

①のような内容の案内をもらったとき、私は半信半疑でしたが、研修会に実際に参加して、ほっと胸をなでおろしました。なぜなら、ハラスメントの手口を教える「ハラスメント研修会」ではなく、ハラスメントを防ぐ手立てを教える「ハラスメント防止研修会」だったからです。

②では、「結婚式は高い」ということはないでしょう。高いのは、「結婚式の挙式費用」です。

③では、「一次はパスした」とありますが、パスしたのは「一次の（筆記）試験」だと思います。こうした省略した表現は話し言葉では自然ですが、書き言葉では不十分でしょう。

④では、「カウンターに座った」のではテーブルに座ったようになってしまい、お行儀が悪くなります。座ったのは、カウンターのまえにある「カウンター席」ですので、そのように正確に書いたほうが、表現としての座りがよさそうです。

⑤の「調子が悪くてうかがえません」では、なんの「調子」かわかりません。「体調」と明示したほうがよいでしょう。

⑥の「パソコンを叩いた」で、もし「パソコンをがんがん叩いた」のであれば、パソコンが壊れてしまいます。事実にそって、「パソコンのキーボードを叩いた」としたほうが穏当でしょう。

⑦の「図書利用アンケート調査のお願い」は、最近私のところに回ってきたメールの件名ですが、私は、自分が回答を求められているのか、自分の周囲の人たちを対象にした調査の実施を求められているのか、わかりませんでした。「アンケート調査ご協力のお願い」「アンケート調査用紙記入のお願い」となっていれば誤解はないでしょう。

⑧の「一六〇キロ中学生が迫力始球式」は、あるスポーツ紙の見出しで見たものです。一六〇キロメートルのスピードボールを投げられる中学生が出てきたのかと思って、びっくりして読んだら、中学の相撲大会で活躍する自称一六〇キログラムの中学生でした。おそらく

その記事はそのような誤読を狙ったものと思われ、タイトルに惹かれて記事を読んだ私も、やられたと思いました。ただ、この種のレトリックは頻繁に使うとあざとくなりますので、その点は注意が必要です。

略語の問題

日本語では語を短くする略語が好まれますが、語は短くすると、一つの語がさまざまな意味を帯びる多義語になりがちなので、注意が必要です。

とくに外来語の場合に、それが顕著に見られます。次の①～⑤の「ソフト」の意味をそれぞれ確認してください（藤原二〇一六）。

①うちの父は声も性格もソフトなほうだと思う。
②小学生は観光地に行くと、すぐにソフトを食べたがる。
③高校生の娘は、ソフト部に入ってがんばっている。
④パソコンにソフトがうまくインストールできない。
⑤私はハードが目に合わないので、ソフトを使っている。

①は本来の「柔らかい」という意味のソフトですが、ほかはすべて特殊な意味が付加されています。②は「ソフトクリーム」の略、③は「ソフトボール」あるいは「ソフトテニス」の略、④は「ソフトウェア」の略、⑤は「ソフト・コンタクトレンズ」の略です。

このように、形容詞のあとを略してしまうと、多義語になってしまうのです。②〜⑤は文脈がはっきりしているので誤解の余地はありませんが、文脈によっては両義に読めることがありますので注意が必要です。

もう一つ、例を挙げておきましょう。今度は「ブラック」という語の意味の違いを一つひとつ確認してみてください。

⑥トナーは高いので、たいていブラックのインクのみで済ませる。
⑦クリームも砂糖もカロリーが高いので、ブラックで飲みたい。
⑧私はビートの利いたブラック・ミュージックが好きだ。
⑨一度ブラックに載ると、クレジットカードが作りにくくなるらしい。
⑩今度の土曜日、河口湖にブラックを狙いに行きたい。

⑪彼は一見優しそうに見えて、じつは辛辣でブラックだ。
⑫大量採用・大量解雇する企業の体質は、だいたいブラックだ。

ブラックも多様な意味の広がりを持っています。⑥の「ブラック」は通常の「黒い」という意味ですが、⑦の「ブラック」は「ブラック・コーヒー」、⑧の「ブラック」は「黒人」、⑨の「ブラック」は金融の「ブラックリスト」、⑩の「ブラック」は「ブラックバス」、⑪の「ブラック」は「腹黒い」、⑫の「ブラック」は「ブラック企業」です。

外来語でなくても、略し方によって戸惑うことがあります。「取説《とりせつ》」「ハロワ」「百均《ひゃっきん》」など、見る人が見れば当たり前でも、文章では誤解される可能性がありますので、略語は基本的に避けたほうがよいでしょう。また、正確な表記をきちんと調べる習慣をつけることも必要で、同じ野菜でも「アスパラ」「エンドウマメ」はいずれも正しくありません。「アスパラガス」「エンドウ」とする必要があります。「エンドウ」は漢字にすると「豌豆」で、重言になってしまいます。

個人的な例ですが、私がまだ働きはじめて間もないころ、「有給休暇」を取ろうとして事務方にメールを書こうとしたときに、「有休」なのか「有給」なのかでキーボードの上の指が止まってしまいました。「有給」「休暇」の頭文字を一つずつ取って「有休」にしようかと思ったのですが、字を見ると「休み有り」ですからひょっとして給与が支払われないかもしれないと思いました。しかし、「有給」だと「給与有り」ですから、休みの申請だと思われないかもしれないと思ったわけです。そこで、仕方なく「有給休暇」と書き、ことなきを得ました。

今思えば、いずれも正しく、事務方はいずれでも正しく解釈してくれたと思うのですが、「有給休暇」の正式名称が「年次有給休暇」だと知ってからは、「年休」と略すようにして万が一の誤解を防ぐようにしています。

(三) 連語の相性に注意する

連語のパターン

語彙の質を高める方法の第三は、「連語の相性に注意する」です。

語彙の精度を高めるには、連語、すなわち「お金を出す」「お金を払う」「お金を使う」のような語の組み合わせのうち、文脈に合わせてどの組み合わせを使うのが適切か、センスをみがく必要があります。

留学生が初めて日本語を学んで一ヶ月ほどすると、動詞を使って、身の回りのことを言えるようにするための文法を学びます。そのときに困るのが、日本語の「身につける」表現です。留学生の第一言語では、「身につける」表現は、だいたい一語か二語で済むようなのですが、その点で日本語は複雑です（金田一一九八八）。

まず、上半身に身につけるものは「着る」と言います。「服を着る」「シャツを着る」の「着る」です。それにたいして、下半身に身につけるものは「はく」と言います。「ズボンをはく」「靴下をはく」の「はく」です。これだけでも留学生は混乱しますし、ズボンやパンツをはくのと靴や靴下をはくのは違うのでは、という質問も出ます。「だから、日本語では漢字を『穿く』と『履く』で区別するんだよ」と言うと、さらに驚かれます。

日本語の「身につける」は、「着る」と「はく」の違いにとどまりません。帽子やヘルメットは上半身に身につけますが、「かぶる」です。メガネやサングラスは「かける」で、ネックレスやマスクは「つける」です。ネクタイは「締める」で、手袋は「はめる」です。ネックレスやマスク、ネクタイや手袋は「する」でも大丈夫ですし、蝶《ちょう》ネクタイや手袋なら「つける」もよさそうです。ちなみに、北海道では手袋は靴下と同様に「はく」を使います。

あらためて考えるとかなり複雑な組み合わせですが、こうした組み合わせに違反したものを並べてみましょう。

・シャツをはく
・ズボンを着る
・帽子をつける
・メガネをかぶる
・ネクタイをはめる
・ネックレスを締める

こうした組み合わせのことを連語（コロケーション）といいます。右に挙げた連語はどれも、日本語の文法に反するので変でしょう。こうした違いを留学生は学ばなければいけないので、大変です。

しかし、日本人であっても、慣れない語の場合、どのような連語にしたらよいか混乱することがあり、それが読み手に違和感を与えることがあります。

たとえば、次の①〜⑥の［　　］には、それぞれ「食べる」に関連する動詞が入るのですが、どんな動詞を入れたらよいでしょうか。

(例) お昼ご飯をエキナカで［食べる］。

①肉に飢えていたので、焼き肉をがつがつ［　　］。

②落ち着いた空間で上品な和食を［　　］。

③阿蘇のふもとで馬たちが草を［　　］。

④栄養のバランスを考えて野菜を中心に［　　］。

⑤時間がないので、卵かけご飯を慌てて［　　］。

⑥体調が優れないので、少量のおかゆだけを［　　］。

①は、「がつがつ」という言葉がありますので、かなり乱暴な食べ方を想像します。そうした食べ方にふさわしい語は「食う」「食らう」でしょう。「食う」は、本能に任せて食べて

いるような印象で、空腹のときにがつがつと胃に食べ物を詰めこんでいる感じがあります。「食らう」になると、野性味がさらに増し、肉食獣が食べている印象になります。いずれも、「めし」「弁当」「ラーメン」のような語と相性がよい傾向があります。

②は、「上品な和食」とあるので、洗練された感じの出る「いただく」がよいでしょう。「いただく」は、高級感のある場所で上品なものを食べているか、自然の恵みを感謝して食べている感じがあります。「大地の恵み」「新鮮な魚介類」「フレンチのフルコース」のような語が前に来ると落ち着きがよいでしょう。

③は、「馬たちが草を」とあるので、「食《は》む」がよいでしょう。「食む」には、馬や牛が牧場でのんびり草を食べているような響きがあります。

④は、「栄養のバランスを考えて」とあるので、必要な食べ物をバランスよく食べている印象のある「摂《と》る」がよいでしょう。やや科学的な響きがある語です。「食事」「朝食」「間食」などの食事や、「野菜」「果物」「海草」などの身体によいもの、「ビタミン」「ミネラル」「タンパク質」などの栄養素などが直前に来ることが多い傾向があります。

⑤は、直前の「慌てて」が鍵になります。慌ただしく食べている感じが出る「かきこむ」がよいでしょう。かきこむのは、どんぶり飯や味噌汁、うどんやそばなど、どんぶりやお椀《わん》

に入ったものを一気に流しこむ感じのあるものです。

⑥は、「少量のおかゆだけを」とあるので、「口にする」くらいが適切でしょう。「口にする」は「かきこむ」とは対極にある表現で、少しずつ味を確かめながら食べていくような印象のある語です。

連語のこうした適切な組み合わせがすぐに出てくる人は語彙力が高いといえます。こうした組み合わせがすぐに出てこない人は、国立国語研究所の「現代日本語書き言葉均衡コーパス(BCCWJ)」での検索がおすすめです(http://www.kotonoha.gr.jp/shonagon/)。実例を前後の文脈とともに確かめられます。インターネットで「少納言」という語で検索するとすぐに出てきます。

大人の組み合わせ

仕事で文章を書くようになると、あまり子どもっぽい表現を使うわけにはいかなくなります。とくに、ある名詞を書いたときに、それに続く動詞をどうするかで迷うことが多いものです。

次の①〜⑤で、[　　　]内の表現を適切なものに直してください。

①決められた予算を［きちんと使う］。
②パソコン本体の特殊な設定を［やめる／外す］。
③哺乳類の体内には体温を自律的に［保つ］働きがある。
④まちおこしの参考に、青森のねぶた祭を［見物する］。
⑤年度末に帳簿の辻褄《つじつま》を［なんとかする］。

①は、「酷使する」でもないし、「消耗する」でも「消費する」でもないし、とあれこれ考えていくと、適切な選択に近づきます。「消化する」がよいでしょう。
②は、「やめる」から出発すると「無効にする」に、「外す」から出発すると「解除する」に辿り着けそうです。
③は、「保つ」から「整える」が思いつけば「調整する」が思い浮かびます。温度は一般に「調節」を使うので、「調節する」まで行きつけば二重丸でしょう。
もし公務でねぶた祭を見に行っている人が、④で「見物する」「観光する」などと書いたら大変なことになります。しかし、「見学する」だと、小学生の工場見学のようで、大人が

今さら学ぶのは勉強不足のそしりを免れません。そこで、「視察する」とすれば、穏当な表現になるでしょう。

⑤は、「辻褄」はどうするものか、わかっていれば、答えはすぐ出てきます。「辻褄」は「合う」「合わせる」ものなので、ここでは「合わせる」が入ります。

さて、ここでもう一つ、組み合わせで動詞を強化するという方法をお伝えしましょう。単純な動詞を使うと、それだけでは力が弱く感じられることがあります。そうしたときは、その動詞の意味に含まれる名詞、とくに身体名詞を使った組み合わせにすると、読み手にたいする印象が強まります。

たとえば、「見る」を「目にする」とすると、単純でありながら、洗練された印象になります。ほかには「目に触れる」という表現もありますし、「よく見る」だったら、「目を凝らす」とすることも可能です。

「聞く」ならば「耳にする」が一般的ですし、噂《うわさ》などが「耳に入る」ことがあるかもしれません。積極的に聞くのなら、「耳を貸す」「耳を傾ける」です。一方、「話す」ならば「口にする」で、「話しはじめる」ならば「口を開く」です。もちろん、「話しおえる」ならば「口を閉じる」で、「かたくなに話さない」のなら「口を閉ざす」となります。

「手」や「足」を使った慣用句は多く、「(作業を)する」のは「手を動かす」で、「(作業を)止める」のは「手を止める」「手を休める」です。「忙しい」ときは「手がふさがる」ですし、「(悪いことを)始める」のは「手を染める」です。ちなみに、「(悪いことを)止める」のは「足を洗う」になります。一方、その「足」ですが、「行く」ことは「足を運ぶ」、「歩きまわる」ことは「足を動かす」となります。かなり特殊なものとしては、「腐る」の言い換えの「足が早い」もあります。

このように、身体名詞と単純な動詞の組み合わせは、大人の表現にしたいときに便利ですので、発想として頭に入れておいて損はないと思います。

ちぐはぐな組み合わせ

きょうだいげんかをしている長女が言いました。「うちはなにも悪くない。善良な市民なのに」。思わず笑ってしまいました。おそらく「悪くない」という語が「善良な」という語を引きだし、「善良な」という語が「市民」を引きだしたのだと思います。

私たちのあたまのなかの辞書はきっと、一語一語別々に収まっているのではなく、「善良な」とくれば「市民」、のような組み合わせで入っているのでしょう。「軽快な」とくれば

「リズム」や「フットワーク」が、「平易な」とくれば「文章」や「説明」が、まず思い浮かびます。「出没注意」とくれば「熊」か「ちかん」でしょう（中川二〇〇五）。

こうした語の組み合わせは社会的慣習として決まっていますが、時代の変化とともにずれていく気がします。

・お米を洗い、鍋に入れて火にかけ、ゆであがったご飯を茶碗《ちゃわん》に入れる。

という文を見て、どう思われるでしょうか。私にとって、お米は「洗う」ものではなく「研《と》ぐ」ものであり、ご飯は「ゆでる」ものではなく「炊く」ものです。そして、炊きあがったご飯は茶碗に「よそう」ものです。「つける」でもよいですが、「盛りつける」だと、しゃれた炊き込みご飯でもないかぎり、少々抵抗があります。

・お米を研ぎ、鍋に入れて火にかけ、炊きあがったご飯を茶碗によそう。

これがかつての社会的慣習だったと思うのですが、主食の多様化に伴い、そうした文化が失われつつあるのかもしれません。

よく引き合いに出されながらも、むしろ定着しつつある表現「耳ざわりのよい」も、抵抗を覚えます。漢字で書くと、「耳に障《さわ》る」となるわけですが、「障る」の意味が現代の日本語話者には希薄で、むしろ「触る」と理解されているのかもしれません。

一方、ちぐはぐな組み合わせが、おかしみを醸《かも》しだすこともあります。

「渋滞の名所」という表現を見て、不自然さを感じながらも、たしかに渋滞を楽しむぐらいの心のゆとりを持たなくてはという気にさせられました。

もう二十年もずっとメールのやりとりをしている友人がいます。その友人は、几帳面《きちょうめん》にも私の書いたメールを可能なかぎり保管してくれているようで、「現存する最古のメールは」という表現で、彼の手元にあるもっとも古いメールを送ってくれました。その友人はおそらく二人のやりとりに歴史を感じていたのでしょう。

さて、お菓子の作り方を書いたある本のなかに、「怖い菓子」というおもしろい表現を見つけました。「まんじゅう怖い」とは異なる怖さです。

・ドゥミ・セックの材料は実にシンプル、作り方もいたってシンプル。焼いた生地がそのまま商品になるので、ごまかしのきかない怖い菓子です。吟味した材料を使うのはいうにおよばず、生地の合わせ方、メレンゲの立て方、焼き方、保存にいたる各プロセスを正しく、真面目に行わないと、結果にすぐに表れてしまいます。まず、基本に忠実に。これが大切です。

（『多様化するドゥミ・セック』旭屋出版）

シンプルな料理ほど、基本をしっかりしないとおいしくできないのは、オムレツなどでもよく言われることです。それを、ごまかしのきかない「怖い菓子」という組み合わせで表現するところに、独特の趣《おもむき》があります。

トイレ機器のメーカーの宣伝に、「つまらない便器」というのも見たことがあります。二重の意味を込めたのでしょうが、この組み合わせもなかなか秀逸で、記憶に残るキャッチコピーです。

語は単独で存在しているわけではありません。現実の文章ではいつも組み合わせとして存在しています。その組み合わせが自然だと、読み手が内容を理解しやすくなりますし、あえて不自然にすると、読み手をはっとさせる印象的な表現も作れるのです。

（四）語感のズレを調整する

文脈との相性

語彙の質を高める方法の第四は、「語感のズレを調整する」です。

第二章では、語彙の量を増やす十一の方法を考えました。そこでわかったことは、語彙の量を増やすことは、言葉のレパートリーを増やすことだということです。

同じ食材が与えられたとしても、腕の立つ料理人は、そこからさまざまな料理を作ることが可能です。これは料理のレパートリーです。同様に、同じ内容を描くにしても、語彙のレパートリーが多い人は、それを多様な方法で描くことができます。

しかし、そこで問題になるのは、その多様な選択肢のうちのどれを選ぶかで、その基準が重要となります。

料理にはＴＰＯというものがあります。パーティのためには豪華な料理を作る必要があるでしょうし、家族のためには栄養のバランスの取れた料理を作る必要があります。育ち盛りの子どもには、高タンパク質のボリュームのある料理を、高齢者には、野菜中心の胃に優しい料理を作らなければなりません。

同様に、語の選択も、豊富な語彙のレパートリーのなかから、TPOに合わせてどの語を選ぶかがポイントになります。

文章における語彙選択の基準は、文脈に合うかどうかです。次の①〜⑩では、文脈から考えて、不自然な語彙選択があります。その語を指摘し、自然な表現に直してください。

①子どもの入学式には参列すべきか。
②不正な操作を行ったので、終了します。
③私は五年前に大学院を卒業しました。
④こちらのファイルが最新版です。先ほどのものは廃棄してください。
⑤希望まみれの若者たちに出会った。
⑥美人すぎる保育士さんにドキドキした。
⑦パートナーの言動に救われた。

⑧研究に打ちこむ態度がすばらしい。
⑨安易に解決できる問題ではない。
⑩若狭湾のカニずくめの料理を堪能した。

①は、「参列」が引っかかります。「参列」は葬儀がイメージされ、やや違和感を覚えます。「出席」「参加」くらいがよさそうです。

②は、コンピュータで以前よく見かけた表示です。「不正」というと法に反するような犯罪を想起させますので、心穏やかではいられません。せめて「誤った」「間違った」ならば我慢もできそうです。

③は、「卒業」が問題です。大学院は決められた年限在学して、単位を取得しても学位はもらえません。学位論文が認められて初めて、学位を手にすることができます。「卒業」としてしまうと誤解を招くので、「修了」という表現を使わなければなりません。

④は、「廃棄」に違和感を覚えます。「廃棄」というと「産業廃棄物」のイメージがあり、大きいものを捨てる感じがします。「ファイル」という表現から考えて、Ｅメールのやりとりでしょうから、「破棄」か「削除」くらいが適切だと思われます。

⑤「希望まみれ」はおかしな表現です。「まみれ」は「汗まみれ」「泥まみれ」「油まみれ」「血まみれ」といったものと相性がよいものです。「希望まみれ」は、かんぽ生命の広告のキャッチコピー「人生は、夢だらけ。」と重なるものであり、異化効果を狙うものとしてはありえますが、それでもやや無理のある印象です。「希望にあふれた」くらいが適切でしょう。「〜だらけ」の場合は、「〜まみれ」よりも結びつきの幅が広く、「汗だらけ」「泥だらけ」「油だらけ」「血だらけ」のような具体物以外にも、「失敗だらけ」「欠点だらけ」「不安だらけ」「不満だらけ」のような結びつきがよく見られ、逆説的な「夢だらけ」が可能になっているように思われます。

⑥「美人すぎる」も最近見かけるようになってきましたが、違和感がある表現としてしばしば取りあげられます。もともとは「厳しすぎる」「寂しすぎる」「難しすぎる」「忙しすぎる」のようなネガティブな形容詞との結びつきがふつうで、そこから「優しすぎる」「嬉しすぎる」「楽しすぎる」「美しすぎる」のような、よい面が不釣り合いなほど目立つという意味に変わってきたように思います。

しかし、「便利すぎる」「親切すぎる」「きれいすぎる」「簡単すぎる」のような形容動詞と結びつくことはあっても、「美人すぎる」「天使すぎる」のような、肯定的な意味の名詞と結びつく用法は最近目にするようになりました。「美人すぎる」は「超美人の」くらいが現時点では穏当でしょうが、今後は違和感がなくなっていくかもしれません。

⑦「言動」は、「救われる」との相性が悪そうです。「言動」に付く形容詞は、「軽はずみな」「過激な」「異常な」「不快な」などが多く、よい意味の形容詞と共起することはほとんどありません。したがって、ここでは「言葉と行い」とするか、「助力」や「励まし」など、「パートナー」と相性のよい言葉を探すしかなさそうです。

⑧「態度」もあまりよい意味では使われません。もちろん、「毅然《きぜん》とした態度」「自信に満ちた態度」などのようにも使われますが、「態度がいい」と「態度が悪い」とどちらが落ち着くか考えてみれば、かなりネガティブな意味に偏っていそうです。「姿勢」という語に変えると、落ち着きがよくなります。

⑨「安易に」は「簡単に」という意味で使っているものと思われますが、「安易」というのは、重大な問題を気軽に「考える」という、不当な軽視というニュアンスがあり、「解決する」という結果を問題にすることは難しいでしょう。「容易に」が適切です。

⑩「〜ずくめ」と「〜づくし」は混同しがちな表現です。「カニずくめ」ではなく「カニづくし」でなければなりません。

「〜ずくめ」は、「黒ずくめ」「異例ずくめ」「規則ずくめ」「働きずくめ」のように、「〜だけ」「〜ばっかり」という意味を表します。「〜づくし」は、「ホタテづくし」「豆腐づくし」「甘いものづくし」のような料理をはじめ、「ないないづくし」「初物づくし」「ディズニーづくし」など、「どれを取っても例外なく〜」という意味になります。

語感と違和感

①〜⑩の問題を解いてみて感じることは、それぞれの語には語感があるということです。語感というのは、語の意味そのものではなく、その語にまとわりついているイメージや、使用環境、プラスマイナスの評価のようなものです。ニュアンスと言ってもよいでしょう。この語感が文脈とずれると、読み手の心に違和感が生じます。

私の勤務先である国立国語研究所には、図書室があります。日本で唯一の日本語の専門図書室で、書籍だけでも十五万冊以上が所蔵されています。

しかし、それは「図書室」であって「図書館」ではありません。たしかに独立した建物ではなく、表現としては正しいのですが、赴任当初は違和感が拭えませんでした。私にとって「図書室」の語感は、学校などにある小さな閲覧室で、十五万冊以上の蔵書がある図書室がイメージできなかったからです。

コメダ珈琲店で、バナナチップスの「個体差」という表現に出会ったときにも、違和感を覚えました。モン・バナナというおいしそうなケーキの紹介がテーブルにあり、バナナマフインのうえにたっぷりのクリーム、さらにそのうえに形の違うバナナチップスが三枚載っている写真が添えられていました。

たしかにその三枚に「個体差」はありました。しかし、「個体差」が生じるのは、一般には生物です。バイクや電車の車両、ラジコンなどにも使われることはありますが、せいぜいそうした工業製品どまりでしょう。とはいえ、バナナチップスの「個体差」というのはユニークな表現で、そこには比喩的な狙いがあるのかもしれません。

研究をしていると、情報を提供してくれる人にたいする「聞き取り調査」が不可欠です。それを、「聞き込み調査」と言われたときに一瞬「えっ？」と思いました。「聞き取り」をするのは研究者の仕事、「聞き込み」をするのは警察の仕事という使い分けが私の頭のなかにあったからです。

公共の交通機関を利用するときに使うＩＣカードも、最近ではかなり普及してきましたが、「タッチしてください」という表現にはいまだに違和感があります（山田二〇一二）。手を使った身体的な接触をイメージするからです。バスを降りかけた若い女性の乗客に、男性の運転手が、「タッチ、タッチ」と叫んでいる状況をたまたま目にして、違和感が募《つの》りました。

語感が問題になりやすいのは、語の評価に関わるものです。プラスの語感のある語がネガティブな文脈で使われていたり、反対にマイナスの語感のある語がポジティブな文脈で使われていたりすると、読み手に違和感を与えやすくなります。

たとえば、仕事をしていて、「ご処理のほう、よろしくお願いします」と言われて違和感を覚えたこともありました。「処理」というと、「処分」や「始末」というマイナスのニュアンスがついて回るからです。「お手続きのほど、よろしくお願いします」と言われていれば、そうした違和感はなかったでしょう。

「わからないことがあったら、いちいち聞いてね」と言われて、首を傾げたこともありました。相手は親切で言ってくれているので、目くじらを立てる必要はないのですが、「いちいち」と言われると、「聞くな」と言われているような気がします。「逐一《ちくいち》」であれば無難でしょう。

定着した専門語のなかにも違和感があるものがあります。一つは経済用語の「マイナス成長」です。「成長」というプラスの語感に、「マイナス」という表現がそぐわないからです。

コンピュータ用語の「水平線効果」にも違和感があります。コンピュータの能力が有限であり、ある一定ラインよりも先の探索を、そこに水平線があるかのように放棄し、結果的に不適切な選択をするという問題です。「効果」というのは通常プラスの結果をもたらすものであり、このようなマイナスの「影響」を「効果」という語で表すのは、何となく落ち着かない気がします。

ただ、ここまでお読みになってわかるように、語感は主観的な印象を多分に含みます。つまり、人によって揺れるわけです。

語感の辞典（中村二〇一〇）を独力で編まれた中村明氏に個人的にうかがったところでは、語感は人によって違うから、語感の辞典は複数の執筆者では書けないとのことでした。したがって、その語感の辞典は、中村明という方の語感を反映した辞典です。

ところが、その本がよく売れ、多くの読者の共感を得たことで、語感は個人的なものである一方、ある程度、社会的に共有されているものでもあることがわかります。

以上からわかるように、語のイメージを喚起する語感というものに敏感になり、語感と文脈の相性を考えれば、語の選択の精度を上げることが可能になります。

(五) 語を適切に置き換える

ぼかす置き換え

語彙の質を高める方法の第五は、「語を適切に置き換える」です。それぞれの語に語感というものがあり、それが語のイメージを喚起する以上、そのイメージ喚起力を強める、あるいは弱めるために、語を置き換えることで、語の精度のピントを合わせる必要があります。ピントを合わせるといっても、ピントを正確に合わせ、語の意味をくっきりと浮かびあがるようにしたほうがつねによいとはかぎりません。ときには「ぼかす置き換え」も必要です。

電車に乗っていると、「人身事故」という語をよく耳にします。「人身事故」は多くの場合「飛び込み自殺」です。しかし、もし駅の構内放送で「飛び込み自殺」という語を繰り返し聞かされたら、どうなるでしょうか。日常的にその言葉を耳にする乗客一人ひとりの心に好ましからざる影響を与えることは必定《ひつじょう》です。

「人身事故」にかぎらず、人の死に関わる語は忌《い》み言葉として避けられる傾向にあります。

専制的な政治体制の国では、「粛清《しゅくせい》」が行われることがあります。これは、ときの政権の意に反する政治的な主張を持った人たちに、政治犯のレッテルを貼り、「処刑」することを意味します。そうした生々しい現実を「粛清」という語でコーティングするのです。

「生命保険」も、よく考えるとおかしな語です。内容から考えると「死亡保険」であり、事実、そうした語も存在します。しかし、「生命保険」という語を保険会社が選択するのは、商品に「生命」という前向きな名称を冠することで、その魅力を高める工夫であると見ることができるでしょう。

超高齢社会の到来に伴い、「メモリアル」という語をよく目にするようになりました。「メモリアル・ホール」と言えば葬儀場、「メモリアル・パーク」や「メモリアル・ガーデン」は、墓地・墓園を指すと考えなければいけません。外来語には語感をぼかす働きがあり、それを活用した例でしょう。

語感をぼかすのは、死を想起させる忌み言葉にかぎりません。たとえば、女性ファッション誌では、体型のコンプレックスを刺激する語彙は極力避けられます。以下が、女性ファッション誌に見られる置き換え例です。

「背が低い」　↓「ミニーちゃん」「小柄さん」「Sガール」
「背が高い」　↓「背高さん」「のっぽさん」
「太っている」↓「ぽっちゃりさん」「ふくよかさん」
「やせている」↓「細身さん」「華奢《きやしや》さん」
「胸が大きい」↓「グラマーさん」
「胸が小さい」↓「プチ胸さん」

間違っても「おちびちゃん」「おでぶさん」「ガリガリさん」などと呼ぶことはありません。体型にたいするコンプレックスを刺激しないようにしつつ、そうした体型をカバーするコーディネートをさりげなく提案するのが、女性誌の特徴です。

気をつけたいのは、政界・財界が庶民に不都合な制度を押しつけようとするときのレトリックです。タダ働きの残業を「サービス残業」と呼び、「リストラ」という名で一方的な解雇を実施します。残業代を払わない残業代ゼロ制度を「ホワイトカラー・エグゼンプション」や「高度プロフェッショナル制度」などと名づけ、制度導入への抵抗感を下げようとします。

増税であっても「軽減税率」と言い、減税部分に注目するように仕向け、課税強化を目的とした「国民総背番号制」を「マイナンバー制度」と呼び変え、その定着を図ります。不自然に語感が穏やかな制度の導入は、中身の厳しさとセットになっていることが多いので、注意が必要です。

明確化する置き換え

もちろん、官公庁が提案する言葉の置き換えのなかには、まっとうな考え方に基づくものも多いことを指摘しておかないと公平性を欠くでしょう。中身をぼかす置き換えにはごまかしが目立ちますが、中身を明確化する置き換えは、真剣な検討を経て提案されるものが少なくありません。

たとえば、「オレオレ詐欺」を「振り込め詐欺」と置き換えたのは、手口が巧妙化することの種の詐欺被害がこれ以上拡大するのを防ぐためであり、その適切な名称によって、より高い抑止効果が生まれたと考えられます。また、「脱法ドラッグ」という名称は、違法ではないという意味で抜け道を示唆しており、かえってドラッグへの好奇心をあおる面がありました。「危険ドラッグ」という名称で注意を喚起したことは意味のあることでしょう。「成人病」を「生活習慣病」とすることで、その病気にかかる対象の限定を外し、「生活習慣」という原因に注意を向けるのと似た面があるように感じます。

最近は、「〇〇は犯罪である」という表現も多く目にするようになりました。「いじめは犯罪である」「ちかんは犯罪である」「万引きは犯罪である」のたぐいです。

いじめは「いじめ」と呼ばれることで、「子どもがやっている意地悪」程度に見られてしまい、深刻に受け止められるケースは少ないものです。しかし、殴る、蹴《け》るといった暴力行為を伴えば暴行罪ですし、それで怪我《けが》をさせたら傷害罪です。相手の嫌がることを脅して無理強いすれば脅迫罪ですし、さらに金銭を出させれば恐喝《きょうかつ》罪です。いじめられっ子の所持品を壊せば器物損壊罪ですし、LINEやSNSなどをつうじて悪口を広めれば名誉毀損《めいよきそん》罪です。

いじめの被害を受けている子どもたちの苦しみを考えると、そうした行為を「いじめ」というあいまいな語で一括《ひとくく》りにせず、暴行・傷害・脅迫・恐喝などと置き換えることで、エスカレートするいじめがいかに大きな問題かを、いじめに関与する少年たちに伝えられるかもしれません。

「ちかん」は迷惑防止条例違反であり、エスカレートすれば強制わいせつ罪になりえます。「万引き」にしても立派な窃盗《せっとう》罪です。「いじめ」「ちかん」「万引き」は、語感がさほど強くないので、「犯罪」として刑罰に訴えてその抑止を図ろうとするわけです。「いじめ」も「ちかん」も「万引き」も、被害者にとっては大きな肉体的苦痛、精神的苦痛、経済的苦痛を受けるわけで、それを食い止める有力な工夫としてはありうる考え方だと思います。

しかし、こうした語彙の語感に頼る方法には、限界があると言わざるをえません。「犯罪」という語を目にすると、当初はどきっとし、一定の抑止効果は期待できるでしょうが、使われつづけると、見慣れることで語感が次第にすり減り、インパクトが弱まります。「刑事罰」「損害賠償」のように、言葉を変えていっても、いずれは同じ末路を辿ります。つまり、言葉を置き換える方法は、決定的な解決策にはならないのです。

その解決策は、そうした犯罪的行為が、相手にとっても自分にとってもどのような悲惨な結果を招くかという、健全な想像力を醸成する社会を作っていくことしかありません。言葉の置き換えによってすべての解決を期待するのではなく、そうした想像力を喚起する一助として、語感を使うという考え方が穏当だろうと思います。

ブランド戦略としての置き換え

ここまで「ぼかす置き換え」と「明確化する置き換え」について述べました。忌み言葉など、強い語感を避ける場合には「ぼかす置き換え」も必要でしょうが、「ぼかす置き換え」には弊害が多く、「明確化する置き換え」のほうが情報伝達のうえでは重要です。

ここでは「明確化する置き換え」の代表として、ビジネス上のブランド戦略を考えます。次の文が、ある料亭のウェブサイトに載っていたとして、この料亭に行きたくなりますか。

・熟練した職人が、厳しい目で選びぬいたこだわりの素材を使い、卓越した技術でじっくり調理した本格的な料理を提供します。

一見おいしそうな料理を提供してくれそうな気はするのですが、よく読むと、何の実質もないことに気づかれるのではないでしょうか。「熟練した職人」「厳しい目」「選びぬいた」「こだわりの素材」「卓越した技術」「じっくり調理した」「本格的な料理」は、すべて現実の担保を必要としない空疎《くうそ》な表現です。どんな料理を提供しても、言い逃れができてしまう表現なのです。これでは、集客は見込めないでしょう。

私はビールが好きで、近所にあるサントリー武蔵野ビール工場にときどき見学に出かけるのですが、ザ・プレミアム・モルツ、通称プレモルのブランド戦略には感心させられます。

ここでは、ウェブページに掲載されている文章をもとに、説明を試みましょう（http://www.suntory.co.jp/factory/beer/guide/　［　］部分は著者による補足）。

「ザ・プレミアム・モルツ」ができるまで
～ビールの最高峰を目指すつくり手たち～
日本国内でつくられているサントリーのビールは、全て天然水100％で仕込んでいます。もちろん「ザ・プレミアム・モルツ」も天然水100％仕込。「水」や素材（麦やホップ）、製法にもこだわってつくられた「ザ・プレミアム・モルツ」の製造工程をご紹介します。
素材選び→製麦→仕込→発酵→貯酒→ろ過→缶詰・箱詰→出荷

【素材選び】　サントリーのビールづくりは、素材選びから
「ザ・プレミアム・モルツ」の原料は、「天然水」「大麦（麦芽）」「ホップ」。厳選した素材のみを使います。
［天然水］
水はビール・発泡酒の約9割を占める、大切な原材料。サントリーのビール工場では、

すべて地下深くから汲み上げた良質の「天然水」100％で仕込んでいます。

［大麦（麦芽）］

大麦は、味や香り、色、泡持ちなど、ビールの特徴や品質に大きな影響を与えます。「ザ・プレミアム・モルツ」は、粒の大きさにまでこだわり厳選した、二条大麦を、使用しています。

ピルスナービールの香味特長を決定づける個性的な麦芽であるダイヤモンド麦芽を加えております。

［ホップ］

ビール独特の苦味や香りのもととなるホップは、摘みたての鮮度が命です。厳選されたホップは、産地から低温輸送で鮮度を維持したまま工場へ。

「ザ・プレミアム・モルツ」には、香り高い欧州産のアロマホップを使用し、華やかな香りを実現しています。

ここではプレモルの製造工程の「素材選び」だけですが、具体性に乏しい先ほどの料亭の例にくらべ、いかに具体的で語感を喚起させる表現に富んでいるか。また、その語感が響きあい、いかに全体として一貫したブランド・イメージを作りあげているか、実感していただけると思います。

（六）語の社会性を考慮する

言葉と文化――背景がわからないと理解できない表現

語彙の質を高める方法の第六は、「語の社会性を考慮する」です。

言葉は文化だと言われます。しかしながら、その文化のなかにどっぷり浸かって暮らしていると、そのことはあまりピンときません。私も日本文化にどっぷり浸かっているので、外から日本文化を眺めている留学生の一言にハッとすることがあります。

ある女子留学生から、「女性は『かばん』という語を使わないのですね」と言われてハッとしました。そういえば、男性は「かばん」というのですが、女性は自分の使う「かばん」を「バッグ」と呼び、「かばん」とは呼ばないことに気づきました。

似たような例としては、女性は「散髪」には行かず、「カット」に行くことがあります。「散髪」は床屋で、「カット」は美容院でするものだからでしょう。そう考えると、「バッグ」や「カット」は女性語です。

また、別の留学生から『やんちゃする』ってどういう意味ですか。男子にしか使わないみたいなんですけど」と言われて驚きました。たしかにそうです。「やんちゃ」「わんぱく」は男子専用形容詞、「おてんば」「お茶目な」は女子専用形容詞です。

最近では、「お茶目なおじいさん」もいるようですから、少しずつ時代は変わっているのかもしれませんが、「おてんばなおじいさん」や「じゃじゃ馬のおじいさん」まではさすがにいないようです。

留学生に文化を説明するのには苦労します。私は、「義理チョコ」の説明をして、留学生になかなか理解してもらえなかった経験があります。好きでもない人になぜ自分のお金でチョコを買って配らなければならないのかが理解できなかったようです。

・ダイヤが乱れても、迂回《うかい》ルートをすぐに検索というNAVITIME（電車や車、徒歩などによる経路を一度に検索できるサービス）の広告を見たことがあります。これも、留学生に説明するのは相当骨が折れそうです。「ダイヤ」がダイヤグラムであること、「迂回ルート」が、確実に到着できる遠回りのルートであることは説明できても、以下のことをすべて前提としなければ、理解できないと思うからです。

①首都圏の公共交通網は複雑である
②日本人はスマホで路線検索をする
③日本の鉄道は時間厳守で運行される
④人身事故などでダイヤがしばしば乱れる
⑤鉄道会社は振替輸送を行う
⑥日本の会社員は状況を問わず時間を守ろうとする

留学生の出身地で、この六つの条件を満たすところはまずありません。そのため、語彙がわかっても、その背景がわからないため、留学生はなかなか理解できないのです。もちろん、日本人であっても、首都圏に来て間もない地方出身者の場合であれば、わからないこともあるでしょう。

留学生は大学から日本に来るため、日本人学生の高校までの学校文化がわかりません。「運動会」と「体育祭」、「文化祭」と「学園祭」、「運動部」と「文化部」などの違いは難しそうです。『「帰宅部」は何をする部ですか?』と真顔で聞かれたこともあります。

日本語が国際化していく昨今、こうした読み手が自分の書いたものを読むかもしれないという意識は必要になってきていると思います。

有標と無標

このように、文化というものは、自文化にどっぷり浸かっている人には見えにくいものですが、そうした隠れた文化をあぶりだす概念があります。それが、有標と無標です。無標は典型的・一般的なもの、いわばデフォルトの場合で、とくに標識がつかないのにたいし、有標は典型的・一般的でないものの場合で、特殊な標識がつきます。

「ポスト」や「消防車」は、日本文化のなかでは通常赤い色をしていますので、わざわざ「赤いポスト」「赤い消防車」と言ったりしません。「ポスト」「消防車」のなかに赤いという意味が含まれているからです。これが無標です。

一方、「黒いポスト」や「青い消防車」があった場合、これは珍しいものですので、「黒い」「青い」という標識を加えて有標として表現します。

有標と無標の議論でよく問題になるのが、女性が有標になる語です。「女医」「女優」「女子大生」「女流作家」「女流棋士」「婦人警官」「女性自衛官」などは、女性のときだけ有標になるからです。

「男医」「男優」「男子大生」という言葉はないわけではありませんが、「医者」「俳優」「大学生」という無標の場合、男性がイメージされがちです。まして、「男流作家」「男流棋士」「紳士警官」「男性自衛官」などとはまず呼ばれません。

つまり、こうした職業では男性が無標、女性が有標だと考えられているわけです。

こうした語を性差別語（セクシスト・ランゲージ）と見なし、その改善を目指す政治的公正性（ポリティカル・コレクトネス）という考え方が広まり、こうした習慣は変えられつつありますが、それでも、根本的な発想まではなかなか変わらないように感じられます。

たとえば、「サラリーマン」や「カメラマン」には「マン」が入っています。「サラリーマン」は「ビジネスパーソン」に、「カメラマン」は「写真家」や「フォトグラファー」に言い換え可能ですが、「サラリーマン」という和製英語は今でもよく使われますし、「女性カメラマン」という矛盾した言い方もしばしば耳にします。

もちろん、有標であることが悪いということではありません。特殊が「例外」である場合は問題視されがちですが、特殊が「特別」であればむしろ有標のほうが望ましくなります。

スーパーやデパートに行くと、有標なものがたくさん並んでいます。

・産地――国産若鶏、駿河湾産桜エビ、地場産ほうれん草
・新しさ――新米ササニシキ、新鮮イワシ、朝採りダイコン
・量――徳用タマネギ、業務用チーズ、特大海老
・安さ――特価アイス、格安コーヒー、激安パスタ
・健康――有機納豆、減農薬トマト、無添加ソーセージ
・高級感――プレミアム・ビール、特選サラダ油、極上焼きそば

たんに「若鶏」とするより「国産若鶏」、「ササニシキ」とするより「新米ササニシキ」、「タマネギ」とするより「徳用タマネギ」、「アイス」とするより「特価アイス」、「納豆」とするより「有機納豆」、「ビール」とするより「プレミアム・ビール」とするほうが、お客の

手が伸びるでしょう。

産地、新しさ、量、安さ、健康、高級感など、その商品の特徴を語の前に付加することで、有標であることを示しています。もちろん、その商品の特徴が特別な感じを与え、付加価値を生み出し、商品の購入意欲をそそることになるわけです。

ただ、問題は、言葉の場合、いくら派手にしてもコストがかからないという点です。そのため、売り場が有標な表現で溢《あふ》れかえってしまいます。これでは、言葉のインフレです。

最近、「プレミアム普通紙」というおもしろい言葉を見つけました。質の高い普通紙なのでしょうが、少々行きすぎの感があります。ちなみに、保険会社に勤務していた父によれば、「プレミアム」はもともと保険用語だそうです。それが、高級感を演出できる名前として定着した結果、ここまで普及したと考えられます。

悩ましいのは、有標な商品がヒットすると、それが普及し、無標になるというジレンマです。ブランド戦略のところで紹介したザ・プレミアム・モルツはよく売れていますが、その結果、ふつうのモルツが売れなくなり、ザ・プレミアム・モルツが高級ビールのスタンダードになっています。

スタンダードになるということは無標になることであり、それが続くと、消費者に飽きられてしまいます。そこで、サントリーは、さまざまな限定商品、つまり有標となる商品を開発することで、新たに差別化を図っているように見えます。その行く末は、プレモルの一ファンとしても気になるところです。

ＪＲでは、特急が普及した結果、急行がほとんどなくなりました。特急のほうが料金が高く、経営上好都合だったのでしょう。しかも、かつては夢の超特急であった新幹線が、今では全国に張りめぐらされることで無標になりつつあり、もともとの「特急」は、「特別急行」どころか、単なる遅い「特急」になりつつあります。

悲惨なのは「急行」と「快速」です。本来は「現場に急行する」「快速を飛ばす」のように速い語感を持っていたこの二つの語が、なんとなく遅く見えてしまうのも、時代の流れでしょうか。

こうした社会的風潮も、有標と無標というフィルターを通すと、的確に捉えることが可能です。

（七）多義語のあいまいさを管理する

多義語の広がり

日本語はあいまいな言語だとよく言われます。どの言語にもあいまいな部分はありますが、日本語は島国で育まれた言語であるため、あうんの呼吸で聞き手に伝わることが期待され、文脈依存性の高い、あいまいさが大きい言語の一つだと考えられます。

「すみません」で謝罪と感謝の両方を表したり、面接室を入るときも出るときも「失礼します」の一語で済ませたり、「けっこうです」でイエスもノーも表したり、「適当」が適切だったりいい加減だったり、「やばい」がまずかったりすごかったり、「ちょっと」の量が案外多かったりするのも、日本語の特徴です。

しかし、書き言葉は、こうしたあいまいさをできるだけ排除するように働きます。書き言葉は、情報をできるだけ正確に、不特定多数に伝えることを目的に発達してきた言語なので、文脈に依存しない、一義的に決まる表現が好まれるからです。

したがって、書き言葉をおもな対象とする本書でも、あいまいになりがちな多義語を的確に発見し、早めに手当てをするという、あいまいさを排除する方向で考えます。

ただ、多義性を使った興味深い表現があるのも事実です。そうした例をまずはいくつか紹介して、多義語とはどんなものか、イメージをふくらませたいと思います。

次の例文は、二〇一五年の八月に行われた将棋の対局、第五十六期王位戦七番勝負第四局、羽生善治《はぶよしはる》王位・広瀬章人《あきひと》八段戦の中継ブログからです。

・3五銀は遊び駒だが、銀得は銀得だ。おいしくいただく。そして、羽生はミルフィーユに手を伸ばして、こちらもいただく。広瀬もショートケーキを食べる。局面が終盤に入りつつあり、表情は険しい。

盤上の銀を取ることを「おいしくいただく」という比喩を使って表現し、ケーキのミルフィーユの「いただく」とのつながりを際だたせています。最初の「いただく」は「もらう」、次の「いただく」は「食べる」の意味で、多義語だと考えられます。

同じく、将棋の対局の観戦記で見かけた表現です。

・一連の折衝で後手が先手を取った。

「先手」「後手」というのは対局の最初に決まっているもので、「羽生」「広瀬」といった対局者の固有名詞のかわりに使われます。ところが、じつはもう一つ意味があり、局面が一段落した段階で主導権を握り、新たな局面に先着できる手番のほうを「先手」ともいうのです。ここでは、そうした「先手」の両義性をうまく利用しています。

ＪＲ東海の伊勢・志摩のキャンペーンも秀逸でした。たった一言、「参りましょう。」です。伊勢・志摩に「行きましょう」という誘いと、伊勢神宮に「お参りしましょう」という参拝をうまく重ねています。「参る」はたしかに、「行く」と「お参りする」の二つの意味を持つ多義語です。

「『日本の食事はアブナイ』⁉」というタイトルに惹かれて読んだ記事の小見出しに、「インド人には日本食は『危険』」とありました（鵜飼秀徳「記者の眼」『日経ビジネスオンライン』二〇一六年一月十五日）。なぜインド人にとって、日本食が危険なのでしょうか。

本文を読んでみると、インド人の約半数は菜食主義者であり、宗教によってはかなり厳格に守られていることがわかります。「だから、出汁《だし》など、見えないところで魚や肉類を使う日本料理は、『インド人にとっては大変危険で、とても手を出せる代物ではない』」というのです。

「危険」という語自体は、多義語とは言いにくいのですが、食事が危険であるという文脈のなかで、「危険」という語の背景にまで踏みこんでみると、危険の背景として一般に連想されるのは、食事の材料が腐っていたり、不衛生であったり、アレルギーを引き起こしたり、農薬まみれであったり、食品添加物が過剰に含まれていたりといったことだと思います。

ところが、ここでは、宗教上の理由で徹底した菜食主義を行っている人にとって危険だということが示されており、「危険」という語のあいまいさを利用して、何でも食べる日本人の盲点を突くことに成功しています。

多義語を知る方法

あるとき、車の修理屋さんからメールが入りました。

・集中していて対応できないときがあるので、ご来店の時間をあらかじめご連絡いただけると助かります。

このメールを見て、修理屋さんはいったい何に集中しているのだろうと疑問を持ちました。作業に集中しているのかもしれませんし、依頼が集中しているのかもしれません。来店時間を連絡すればよいという用件はわかっているので問題はないのですが、職業柄、ついそうしたところに引っかかってしまいます。

かく言う私も、次のようなメールを書いて読みなおし、我ながら読みにくいメールだなあと感じました。

・教えていただいたメールアドレスは念のため控えさせていただきますが、私のほうから直接メールをお送りするのは控えるようにいたします。

最初の「控える」はメールアドレスを記録するということで、二番目の「控える」はメールを送るのを遠慮するということです。一つの文のなかで同じ語を二回、しかも別の意味で使うと読み手は混乱しますので、避けたほうがよいでしょう。

「控える」にはこのほか、背後で出番を待つという意味もあり、複雑です。つまり、「注文の控え」「控えめな人」「控え室」の「控え」は、すべて意味が違うのです。

意味の異なる多義語が並んでいれば、その意味の違いに気がつくことができますが、そうでない場合には、見落としがちなものです。どうしたら多義語に気づくことができるでしょうか。

一つ目の方法は、対義語を考えることです。

対義語を考えると、その語が多義語であることに気づきやすくなることは、第二章の「対義語」のところで見たとおりです。「高い」が多義語であることは、対義語の「低い」と「安い」から、「薄い」が多義語であることは、対義語の「厚い」と「濃い」から、「冷たい」が多義語であることは、対義語の「熱い」と「優しい」から、それぞれわかります。

また、名詞でも、「中」が多義語であることは、対義語の「外」と「端」から、「退社」が多義語であることは、対義語の「入社」と「出社」からわかります。

二つ目の方法は、同訓異字を考えることです。

同訓異字については、第二章の「文字種」のところで説明しました。和語に漢字を当てるときに複数の当て方をするものであり、とくに動詞に多く見られます。

たとえば、「とる」でいえば、「取る」ならば「取得」、「採る」ならば「採集」、「捕る」ならば「捕獲」、「摂る」ならば「摂取」、「撮る」ならば「撮影」、「録る」ならば録音、「執る」ならば「指揮」、「采る」ならば「采配」、「盗る」ならば「窃盗」、「摸《と》る」ならば「掏摸《すり》」など、同訓異字の書き分けを考えれば、動詞の多義性を捉えやすくなります。

三つ目の方法は、他の言語への翻訳を考えることです。多くの方は英語でしょうか。たとえば、「公園」ならば park か playground かという区別がありますし、「時計」ならば watch か clock かという区別があります。「起きる」ならば wake up か get up か、「寝る」ならば sleep か lie down かという区別があるわけです。

日本語のなかに区別がないのは形式上の問題で、意味の使い分けは確実にありそうです。たとえば、「公園のなかを散歩する」のは park でなければできません。近所の小さな公園を散歩しても、三十歩も歩けば砂場にはまるか、ベンチにぶつかってしまうでしょう。「公園で幼児を遊ばせ、ママ友とおしゃべりに興じる」のは playground でなければできません。国立公園で幼児を遊ばせておいたら、広い森のなかで迷子になってしまいかねません。

「寝るまえに時計のアラームをセットしてから寝た」のなら、ふつうは clock を想像するでしょうし、「時計をポケットに入れた」のであれば、watchであることは確実です。

また、多義語であっても、日本語でも使い分けを考えれば、「起きる」は「目を覚ます」と「起きだす」に、「寝る」は「眠る」と「寝そべる」にそれぞれ区別が可能です。

英語以外の言語が得意な方は、それぞれの言語に訳してみると、それぞれの言語の線の引き方の違いが浮かびあがってくるに相違ありません。

多義語が多い外来語・固有名詞

留学生に日本語を教えていると、苦労する多義語は外来語と固有名詞です。漢字の場合は数がたくさんありますので、音声の場合は同音異義語の衝突が起きてしまいますが、文字にすればすぐに意味の微妙な区別ができます。しかし、片仮名は数が限られていますので、どうしても同じ形のバッティングが起きてしまいます。

とくに、最近は英語から外来語がばんばん入ってきますので、数が急増しているぶん、同形語が増えがちで、その解釈を文脈に依存する割合が高くなります。とくに、留学生の場合、英語の能力は高くても、文脈を読み取る力が弱いので、表記も意味も略し方も日本語化している外来語を正確に理解するのは、なかなか困難です。

次の例は外来語の多義語です。右から順に、①「ネット」、②「オフ」、③「カード」、④「トップ」、⑤「タイム」、⑥「マッチ」が多義語になっています。

①ネットで検索する／ネットで五〇万円の利益／ネットにボールが引っかかる
②スイッチをオフにする／バーゲンで三〇％オフになる／三月からオフに入る
③受付でカードに記入した／カードで決済する／今日一番の好カードだった
④トップでゴールした／銀行のトップに収まった／トップでアクセルを踏んだ
⑤試合中にタイムを取る／五〇ｍ走のタイムが早い／タイムを使った料理を食べた
⑥マッチを擦って点火する／タイトル・マッチを見る／映像と音楽がマッチする

こうした外来語が出てきた場合の対処方法は二つです。

一つの方法は、言い換えられるものはわかりやすく言い換えることです。①の「ネットで検索する」は「インターネットで検索する」、②の「スイッチをオフにする」は「スイッチを切る」、③の「カードで決済する」は「クレジットカードで決済する」にそれぞれ言い換え可能です。

もう一つは、文脈を強化する方法です。④の「トップでゴールした」は「出場全選手のトップでゴールした」、⑤の「タイムを使った料理を食べた」は「ハーブのタイムを使った料理を食べた」、⑥の「映像と音楽がマッチする」は「映像と音楽が見事にマッチする」のように説明を加えれば、多義語を解釈する文脈が強化され、誤解のおそれはほぼなくなるでしょう。

書き手は多義語に気づきにくい

また、留学生が弱いのが固有名詞です。以前、留学生用の読解教材を作ったときに、友人がおもしろ半分で「愛」と「真理《まり》」という私の二人の娘の名前を使い、「いもうと」というタイトルの文章を書きおろしました（石黒圭編著『留学生のための読解トレーニング』凡人社所収）。その文章を使って留学生に授業をしたところ、たいして難しい内容でもないのに、誤解が続出するという現象が起きました。誤解は中国人留学生に顕著に見られました。

なぜそうした誤解が起こったかというと、「愛」と「真理」という固有名詞を普通名詞と思いこみ、「愛」と「真理《しんり》」、すなわち love & truth の哲学的な文章として読んでしまったのです。とくに中国人の場合、漢字を見ると無意識に意味に変換してしまうので、そうした誤解が起こりがちです。

やはり、中国人留学生の作文を添削していて、「日本大学」と書かれていたので、「日本の大学」と直したことがあります。中国人留学生にとって「の」を入れるかどうかはなかなか難しい問題ですが、この場合は「の」が必須です。「の」がないと、日本にある大学ではなく、日本大学という固有名詞になってしまうからです。

しかし、固有名詞の難しさは留学生にかぎりません。

つぎは、渡辺明という強い将棋棋士を夫に持ち、『将棋の渡辺くん』という漫画を書いている「伊奈めぐみ」さん（この固有名詞も難しいのでカギカッコをつけました）のブログからです。

近所のケーキ屋さんでシンプルなチョコレートケーキを買い、それっぽいオシャレな感じに小枝を載っけて、旦那に出してみた。

食べ終わった後に「実はあれは小枝でした!!」と言おうとワクワクしていたのだが、旦那はケーキを見てすぐに「…何で小枝が載ってるの?」と気が付いた。

「何で小枝だって分かったの??」と聞くと、「俺が何年小枝食べてきたと思ってるの?」と当然の顔で言われた。

(「ケーキ」『妻の小言。』http://inaw.exblog.jp/21751431/)

ブログのこの文章を読みはじめたとき、なんてひどいことをするんだと思いました。チョコレートケーキのうえに食べられない小枝を載せるなんて、と思ったのです。しかし、それは私の勘違いでした。最後まで読めば、「旦那」である渡辺明さんの「俺が何年小枝食べてきたと思ってるの?」という言葉に出会います。つまり、「小枝」はチョコレートの小枝、森永製菓の商品名だったわけです。

この文章を、早速ある留学生に読んでもらったのですが、あっさり理解できました。聞いてみたところ、最近コンビニで「小枝」を買って食べていたのだそうです。第二章の「実物を考える」で見たように、現実世界での経験が語彙力に必要なことがわかります。

また、金本知憲《かねもとともあき》氏が阪神タイガースの監督に就任したころ、「金本監督、球児との接触認める」というタイトルのスポーツ紙の記事を見て、これはよくないなあと思いました。いくら将来性のある高校生をドラフトで取りたいからといって、プロ野球の監督がひそかに高校球児と接触するのは問題だと考えたからです。

しかし、これも私の誤解でした。金本監督が接触していたのは、以前のチームメートであり、阪神に戻ってきてほしいと願っていた藤川球児《きゅうじ》投手だったからです。これも、「球児」が固有名詞だとわからないことに由来する誤解です。

このように、多義語は私たちの生活に深く入りこみ、誤解の要因となっています。しかし、多義語は気づかれにくい宿命にあります。語の意味は、その置かれた文脈に関連するものだけが呼びだされるので、書き手は、自分が書こうとしている以外の意味に意識が向かないのです。

したがって、多義語による誤解を避けるには、自分の書いた文章をほかの人に見てもらったり、時間を置いてから一人の読み手として自分の文章を読みなおす必要があります。そして、ここで学んだように、どんな語が多義になりやすいのか、ふだんから意識しておくことが大切です。

（八）異なる立場を想定する

人によって語の意味は変わる

語彙の質を高める方法の第八は、「異なる立場を想定する」です。書き手の立場と読み手の立場が異なると、語の意味はズレをきたします。

同じ言葉なら、書き手と読み手が同じ内容を想像すると考えるのは幻想です。同じ言葉でも人によって感じ方はさまざまです。そのため、書き手としては、自分の選択した語の解釈の幅を計算し、読み手の目にその語がどう映るかを冷静に計算する必要があります。

私の住んでいる家のそばに両親が引っ越してきました。歩いて七〜八分の距離です。子どもを預かってもらうのに便利であり、首都圏から離れたところに実家のある近所の親たちからは「近くていいわねえ」とうらやましがられています。

そこで、ある人に「うちのすぐそばに両親が引っ越してきまして」と話したところ、「すぐそばってどのくらい？」と聞かれ、「七〜八分です」と答えたら、「遠いわねえ」と言われてしまいました。聞けば、その人は、同じ敷地のなかの二世帯同居なのだそうです。

また、ある人のブログを見ていたら、「最近、事情があって、都心から横浜の奥地に引っ越してきました」と書いてあり、親近感を覚えました。私は長いこと横浜の「奥地」に住んでいたことがあるからです。横浜市の南西のはずれにある泉区というところで、以前は区のシンボルマークが「トムトム」という豚でした。高座豚《こうざぶた》という豚の産地で、相鉄線の駅を降りると、その臭いが漂ってきました。区内の道路を散歩中に、牛に追いかけられて怖い思いをしたこともありました。九〇年代の話です。

しかし、その人のブログを見ると、横浜の「奥地」というのは青葉区の青葉台だったのです。青葉台は、たしかに横浜の中心部である横浜駅やみなとみらい地区からは離れていますが、都心へのアクセスもよいおしゃれな住宅街です。私にとってはだんじて横浜の「奥地」ではありません。以前よほど交通至便なところにお住まいだったのでしょうが、私はその人とはお近づきになれそうもないと思いました。奮発して食べた一五〇〇円のランチが「安い」と言われたときの驚きに近く、住んでいる世界が違うと感じられたからです。

書き手と読み手の感性の開きは土地の問題にかぎりません。私の教え子に中高一貫校の国語の先生がいるのですが、その先生から、「古典は生徒にとって外国語学習なんですよ」と聞いたことがあります。なぜかというと、古典を訳すときに、生徒は一様に「現代語に訳す」ではなく、「日本語に訳す」と言うのだそうです。「現代語」ではなく「日本語」という語を選んで言うところに、生徒たちにとって、古典はもはや日本語ではなく外国語なのだという意識が表れているわけです。

ここからしばらくは、野球を例に話を進めます。

以前、WBCという野球の世界大会の開催期間中に、調子の上がらなかった田中将大《まさひろ》投手の処遇について、日本のマスコミが「中継ぎ降格」と報じたことがありました。それにたいして噛みついたのが上原浩治投手でした。

上原投手はツイッター上で、「先発の調子が悪いから、中継ぎに降格?・?　降格って何やねん(-_-#)　中継ぎをバカにするなよ。野球を知らない奴が、記事を書くなって思うのは俺だけ?・?・」と思わず感情を爆発させました。

野球では、最初に投げる先発（スターター）が試合を作り、中継ぎ（セットアッパー）が試合をつなぎ、抑え（クローザー）が試合を締めくくります。先発と抑えはスポットライトの当たる花形であるのにたいし、中継ぎは重要な役割を担っているにもかかわらず、地味な日陰者《ひかげもの》として見られがちでした。

上原投手の批判は、中継ぎが正当に評価されていない日本国内のスポーツ・メディアの現状に向けられたものだったわけです。

あらためて考えてみますと、野球についてはそうした見方がはびこっているようにも思えます。たとえば、「外野」です。

「外野」というのは、打者から離れた守備位置で、打力の低い草野球では、あまりボールが飛んできません。そのため、低く見られやすく、野球以外の文脈でも比喩的に、「当事者でない人」という意味を指します。「外野の意見に耳を貸すな」「外野の雑音に惑わされるな」「外野は黙っていろ」となるわけです。

「外野」は「内野」と同様、立派な守備位置なのに、低く見られてしまうわけで、それは「外野」に誇りを持つ人にとってがまんできないことでしょう。

語の意味をプラスに変える

人によって語の意味が変わるということは、読み手にとってよい語感の語を選べば、それだけ書き手の思いが伝わることになります。野球の名監督として知られた野村克也氏は著書

『野村ノート』（小学館文庫）のなかでこう書いています。

もっとも最近の若い選手はこの「ヤマを張る」というのを嫌がる。なんかずるいことをするような錯覚に陥るのだろう。何も悪いことはないし、ヤマを張る＝賭けなのだが、子供のときから野球一筋できた選手というのは、純粋で一途《いちず》な性格の子が多く、正々堂々の勝負がかっこいいと思い込んで野球をしてきただけに、なかなか受け入れてくれない。

そこで私は「ヤマを張れ」ではなく、「勝負してみろ」ということにした。そうすると「勝負？　よし、やってみようじゃないか」と乗り気になる。

もう一つ、野球の例です。甲子園の高校野球で四強進出を果たした早稲田実業の和泉《いずみ》実監督が、中心選手である清宮幸太郎を評した言葉に続き、記者（中村計氏）が記します。

監督の和泉実が言う。

「彼は抑えられたら、次の打席、必ずそのボールをねらって行くんですよ」

清宮にとっては「四強進出」ではなく「四強止まり」。仕留められなかった残りの二勝は、次の機会でねらいに行く。

（「甲子園の風」『Number Web』二〇一五年八月十九日）

甲子園で四強に残るということは、全国のベスト四ですので快挙ですが、それでも清宮選手は満足しないわけです。目標はあくまで、深紅《しんく》の大優勝旗なのでしょう。「四強止まり」は前向きな語彙選択です。

透けて見える本音

語の選択には、書き手のものの見方が無意識のうちに反映されます。

夏の暑い時期、妻に「クーラーが勝手に切れる設定になっているよ」と言われ、「自動で切れる設定にしてあるんだよ」と思わず言い返してしまいました。

妻の言葉には、この暑いのにクーラーが切れてしまうのは困るという意識が「勝手に」に反映され、私の言葉には、高い電気代を少しでも節約するために努力しているのにという意識が「自動で」に反映されているわけです。

パリのシャルル・ド・ゴール空港を歩いていたら、片思いしている相手が向こうから歩いてきたとします。あなたはそれを「運命」と感じるかもしれませんが、相手はそれを単なる「偶然」と捉えるかもしれません。

また、あなたが小説を書き、その出版が決まったとします。そして、あなたはその本がミリオンセラーになる「理想」を想像するかもしれませんが、第三者から見れば、それは単なる「妄想」に映るでしょう。

一方、立場によっても、ある事態の捉え方が変わってくるでしょう。

民衆が圧政に耐えかねて起こす内戦は、「革命」「運動」として捉えられますが、支配する体制側には、社会秩序を乱す「内乱」「反乱」としてしか映りません。

政府の高官は、一般市民が知りえない機密情報を入手できる特権的な立場にあり、それを自らの立場の強化に役立てることがあります。そのため、一般市民はそうした情報を広く共有する「情報公開」を求めますが、「由《よ》らしむべし、知らしむべからず」という高官の立場からすれば、それは「情報漏洩《ろうえい》」に映るかもしれないのです。

そうした違いを端的に示したのが次の文章です。巻き網によるクロマグロの乱獲が進み、資源の枯渇《こかつ》が懸念されるという文脈で引用された発言です。

現在、境港の漁獲枠（三〇キロ以上のクロマグロ）は年間二〇〇〇トン。昨年六〇〇トンの水揚げであったことを勘案すると、漁獲枠は意味をなしていない。境港の属する山陰旋網漁業協同組合は「漁獲枠は最盛期よりは少ないので管理していると言える。巻き網を『根こそぎ獲る』と捉えるか、『効率良い』と捉えるかは立場の違い」と話す。

（「クロマグロ一網打尽　世界中でウナギ乱獲」『WEDGE』二〇一三年八月号）

たしかに、立場の違いを知ることは重要で、一方的な正義の押しつけは危険をはらみます。しかしながら、この例からもわかるように、立場の相対性をあまりにも前面に押しだした相対主義もまた、大きな危険をはらむとも言えます。

少なくとも私たちは、一つひとつの言葉の選択に書き手の意識が反映されるという事実を踏まえ、言葉を選ぶ必要があると思います。

他者を傷つける言葉

文章は言葉の記録なので、不特定多数の人が読むことを前提として書かれます。そのため、どのような読み手が読むか、その可能性を広く考えておかなければなりません。つまり、ハラスメントになるおそれを想定して書く必要があるわけです。

たとえば、セクシャル・ハラスメント。私が最近気になるのは「劣化」という言葉です。「劣化」は、本来ものにたいして使われる語ですが、最近では、女優・モデル・アイドルといった有名人女性の容姿にたいしても使われるようになっています。「容姿が衰えた」「不細工になった」というのも十分にひどい言葉ですが、それでもまだ人間扱いです。「劣化」はもの扱いですから、書かれたほうはかなりショックでしょう。こうした書き込みを見た当人、あるいは周囲の親しい人がどう思うかという想像力を欠いています。

「有標と無標」のところで見たように、政治的公正性（ポリティカル・コレクトネス）の観点から、「看護婦」を「看護師」、「保母」を「保育士」、「父兄」を「保護者」とする置き換えが進められています。しかし、ある言葉を使わないように制限したからといって、それで問題がすべて解決すると思うのは錯覚です。言葉は特定の文脈で意味を発現するものなので、使われている文脈が差別的であれば、また、読んだ相手がそこに差別を見いだせば、そこに不快感が生じてしまうのです。

「女子力高いね」がほめ言葉だと素直に受け取れなかったり、「寿《ことぶき》退社だね」と言われて複雑な気持ちになったりする女性は、健全なのかもしれません。そこには暗に、女性に期待される社会的役割が込められ、それが社会の圧力として働いているからです。

セクシャル・ハラスメントと並んで問題になりがちなのは、エイジ・ハラスメントです。日本は若さを称賛する社会であり、「老けた」ということを意味する語は可能なかぎり避けないと、無用のトラブルを招く原因になります。

「おじいさん」「おばあちゃん」「老人」のような語はもちろん、高齢者に向けた語には配慮が必要ですし、「おかあさん」という語でさえ問題になるということを知りました。「おかあさん」というのは本当のおかあさんではなく、芸能人がテレビで年配の女性に親しげに声をかけるときに使う「おかあさん」です（『朝日新聞』二〇一五年四月二十九日朝刊「声」）。

この呼びかけの本質的な問題は、「おかあさん」と声をかけられる人の年代は、幼児・児童の子どもを抱えているくらいの年代ではなく、現実には孫がいてもおかしくないくらいの年代が対象だということです。「子どもでもない人に『おかあさん』と呼ばれるような年代になったのか」という現実を突きつけられる不快感が、その根底にあるようなのです。

そう考えていると、甥《おい》や姪《めい》ができて叔父（伯父）・叔母（伯母）になった人も、自分が未婚の場合、「おじさん」「おばさん」と呼ばれるのを嫌がることが多いですし、孫ができて祖父・祖母になったときも、「おじいちゃん」「おばあちゃん」と呼ばれることに抵抗を覚えるものです。自分がそこまで歳を取ったのかという現実を突きつけられるからです。

「後期高齢者」という科学的な呼び方にも抵抗を感じた方が多かったようです。「高齢者」という括《くく》りのなかで、六十五歳から七十四歳までを「前期高齢者」として歩み、それ以降、七十五歳からは「後期高齢者」として歩まなければなりません。

「後期」のあとに控えるのは「末期」だけで、もう後がないという語感。これが「後期高齢者」と括られた方が感じた抵抗感の源だったのだろうと思います。「加齢臭」などもそうですが、科学的な呼び方だからといって差別感から自由であるとはかぎりません。

エイジ・ハラスメントの対象は、高齢者ばかりではありません。私自身は「オヤジ」であり、「オヤジ体型」を指摘され、「オヤジくさい」と言われ、「オヤジギャグ」を笑われます。

職場で働く独身女性への風当たりもきついものです。長く勤めていると、「未婚」の理由を聞かれ、「お局《つぼね》さま」扱いされ、イライラしていると「更年期障害」だと後ろ指を差されます。

子どもでさえもエイジ・ハラスメントの対象になりえます。「ガキのくせに」と言われ、「子どもは口を出すな」とのけ者にされ、「子どもっぽい」「子どもじみた」と子どもの悪い面ばかりに言及されます。

会話であれば、目のまえに相手がいますので、相手の反応を予想して、ある程度抑制が利きます。しかし、文章の場合は目のまえに相手がいないので、書く内容がエスカレートしてしまいがちです。文章を書くときは、読む可能性のある相手を思い浮かべ、それぞれの立場の人が読んだらどう思うだろうとその表情を想像し、引っかかる表現があれば避けるのが賢明です。

『天空の城ラピュタ』の主人公シータは言います。

「いいまじないに力を与えるには、悪い言葉も知らなければいけないって。でも決して使うなって」

滅びの言葉を口にしかけたら、その言葉をぐっと飲みこんで、かわりに救いの言葉を口にする。そうすれば、人との関係が変わるはず。なかなかできないことですが、私自身も日々自分にそう言い聞かせています。

（九）語の感性を研ぎ澄ませる

比喩――斬新な見立てによる表現効果

語彙の質を高める方法の第九は、「語の感性を研ぎ澄ませる」です。具体的には、代表的な二つの感覚表現、比喩とオノマトペを考えます。

話の上手な人の話を聞いていると、比喩の使い方が絶妙です。ボキャブラリーの豊富な女性どうしの雑談に、こっそり耳を傾けていると勉強になります。

「旦那さん、ちゃんとうちに帰ってくる？」

「大丈夫、餌《え》づけしてあるから」

旦那の好みに合う、おいしいご飯を準備しておくことは「餌づけ」だったのかあ。そう言われてみると、旦那であれ、息子であれ、「餌づけ」されている男子は多いなあと、世の中が少し見えるようになった気がします。

「うちの旦那ったら、あれ買ってやる、これ買ってやるって言うけど、実行したためしがないのよ」

「あるある。口だけパーティね」

たしかに「口だけパーティ」だなあと思いつつ、ひそかに我が身を省みます。

「こんど来た上司、絶対変。語尾が何でも、何とかですうって」

「それ、おねえ入ってるし」

「おねえ」って「入る」ものなんだという新たな連語の登場に心動かされつつ、気づかれないようにメモをします。

「あたしの部署さあ、大量のメールが来て返信が追いつかない。あっぷあっぷだよ」
「そっかあ。メールの海で溺《おぼ》れてるんだ」
「うん、そう。メールの森に迷いこんで、抜けだせなくなった感じ」

「あっぷあっぷ」という語から、「メールの海で溺れている」が誘発され、「メールの海」から「メールの森」が喚起されます。適切な語彙連鎖に感動を隠せません。このような即興的な比喩は、言葉に勢いを与えます。

つづいて、プロの作家の即興的な比喩を見てみましょう。比喩の屈指の使い手である村上春樹氏の発話からの引用です（傍線は著者による。以下同）。

なぜ小説を書きはじめたかというと、なぜだかぼくもよくわからないのですが、ある日突然書きたくなったのです。いま思えば、それはやはりある種の自己治療のステップだったのだと思うのです。

二十代をずっと何も考えずに必死に働いて過ごして、なんとか生き延びてきて、二十九になって、そこでひとつの階段の踊り場みたいなところに出た。そこでなにか書いてみたくなったというのは、箱庭づくりではないですが、自分でもうまく言えないこと、説明できないことを小説という形にして提出してみたかったということだったと思うのです。それはほんとうに、ある日突然きたんですよ。

必死で働いてきたあとの人生の小休止のステージを「階段の踊り場」と表現し、その「階段の踊り場」で「箱庭づくり」のようなことを始めます。「箱庭づくり」は、「箱庭療法」と呼ばれる精神治療の方法で、まさに自己治療を表しています。しかも、本書は『村上春樹、河合隼雄《かわいはやお》に会いにいく』(新潮文庫)であり、対談の相手は「箱庭療法」の大家である著名な臨床心理学者、河合隼雄氏であるわけです。的確な比喩選択だと感じます。

比喩選択はいつもこのようにうまくいくとはかぎりません。新聞を読んだりニュースを聞いていたりすると、陳腐な比喩のオンパレードにがっかりすることがあります。

政治家の不正経理が報道されると、「腐敗した」政治について識者がもっともらしく解説します。少年犯罪が起これば、少年たちの深い「心の闇」をワイドショーが喜々として取りあげ、経済状況が悪くなると、庶民の「台所」事情は悪くなり、家計は「火の車」になります。

もともとはセンスのよい比喩だったのでしょうが、何度も使われているうちに陳腐になっていきます。比喩は斬新な見立てを伝えて初めて、高い表現効果を得るのです。

ネーミング——名前で損をしたり、得をしたり

語の感性が問われるのは、ネーミングです。とくに、商品名はブランド・イメージを形作り、売り上げに直結するので、各社ともブランド戦略に懸命です。農業分野でも、農業試験場などが開発した新たな品種にどのようなネーミングをするか、全国各地の農業関係者が知恵を絞っているように見うけられます。

もともと、ブランド・イメージを意識したネーミングは、かつては贅沢品《ぜいたくひん》だった果物が中心だったような印象があります。「紅玉」「ふじ」「スターキング」のようなリンゴ、「幸水」「菊水」「ラ・フランス」のようなナシなどがその代表でしょう。

その後、「ササニシキ」「コシヒカリ」「あきたこまち」といったブランド米の定着によって、そうした動きが加速しました。最近の動きとしては、栃木の「とちおとめ」、福岡の「あまおう」、佐賀の「さがほのか」、静岡の「紅ほっぺ」といった、ご当地と結びついたイチゴの品種が増えたことが興味深いですし、「男爵《だんしやく》」「メークイン」で知られたジャガイモにも、さらにおしゃれな「インカのめざめ」「きたあかり」がラインナップに加わり、競争

が激化しています。

ホームベーカリー愛好家のあいだでは、「はるゆたか」「春よ恋」「ゆめちから」「ミナミノカオリ」といった国産小麦粉が人気を集めています。こうした名称の多くに比喩が使われていることは言うまでもないでしょう。

車のネーミングにも、変化の兆しが見られます。車のネーミングといえば、かつては「クラウン」「カローラ」「マークⅡ」や、「スカイライン」「ブルーバード」「フェアレディZ」のような外来語ばかりで、日本語由来のものは、北米市場で人気のあったトヨタの「カムリ」（「冠」に由来）くらいだったように思います。

ところが、一九九四年に、「ゼロワン」の発表により、光岡自動車が十番目の国産自動車メーカーに加わったことで、潮目が変わりました。こだわりぬいた外装と、「優雅」（ユーガ）、「凌駕」（リョーガ）、「我流」（ガリュー）といった、漢語を使った独特のネーミング・センスが、注目を集めています。

また、一時期注目を集め、流行語大賞にもノミネートされた「おにぎらず」は、「握る」という意味の「おにぎり」という名称をあらためて考えさせてくれるきっかけとなりました。もともとは、漫画『クッキングパパ』（講談社）の二十二巻に出てくる「超簡単おにぎり」

に由来します。

大阪の有名な水族館、海遊館に行ったときのことです。特別展示室という学習コーナーがあり、そこで「アユモドキ」という淡水魚が絶滅の危機に瀕しているというパネルを見ました。西日本に生息する貴重な在来種で、展示を見ているうちに、なんとしても保護しなければならないという気持ちになりました。

ところが、隣で見ていた女の子たちが、『アユモドキ』って名前が悪いよね」と話していたのです。たしかにそうかもしれません。「アユモドキ」という「アユの偽物」みたいな名前だと、貴重な在来種という印象が薄れ、保護活動に水を差してしまうかもしれません。名前で損をすることはたしかにあります。

そんなことを考えながら歩いているうちに、北極圏エリアに入りました。部屋もクーラーが効いており、肌寒さを感じます。そこにある水槽のなかでは、「ハダカカメガイ」がふわふわと水のなかを漂っていました。貝殻のない貝で、体が透き通っていてとてもきれいです。

でも、どこかで見たことがあります。そうです、「クリオネ」です。英語名を確認すると、たしかに「クリオネ」でした。「ハダカカメガイ」では、「クリオネ」の持つ、あの美しい幻想的な雰囲気が出ません。「クリオネ」は名前で得をしていると感じました。

あるとき、板橋雅弘氏の『パパのしごとはわるものです』（岩崎書店）という絵本が家に置いてあったので、タイトルに惹かれて手に取ってみました。タイトルから、パパの仕事は強盗か何かなのかな、と思って読みはじめたところ、ヒールの覆面プロレスラーの話でした。

ポイントは、「パパのしごとは悪役です」としなかった点です。「悪役」と書いてあれば、すぐにプロレスラーや役者だろうと見当がついたと思うのですが、その点をぼかして、読者に何だろうと思わせる力があったから、思わず手が伸びてしまったわけです。ここにもネーミングのセンスが生かされています。

オノマトペ――生の感覚を言葉にする

オノマトペという表現があります。擬音語・擬態語とも呼ばれ、感覚の描写に向いている表現です。

まずはオノマトペの名手、宮沢賢治の『銀河鉄道の夜』を見てみましょう。

傍線を引いたところがオノマトペです。効果的なオノマトペのおかげで、視覚的な印象が強まり、臨場感にあふれた描写になっています。カムパネルラが指さした方向をジョバンニが見て、銀河の美しさに心動かされるところから引用します。

「そうだ。おや、あの河原は月夜だろうか。」

そっちを見ますと、青白く光る銀河の岸に、銀いろの空のすすきが、もうまるでいちめん、風にさらさらさらさら、ゆられてうごいて、波を立てているのでした。

「月夜でないよ。銀河だから光るんだよ。」ジョバンニは云いながら、まるではね上りたいくらい愉快になって、足をこつこつ鳴らし、窓から顔を出して、高く高く星めぐりの口笛を吹きながら一生けん命延びあがって、その天の川の水を、見きわめようとしましたが、はじめはどうしてもそれが、はっきりしませんでした。けれどもだんだん気をつけて見ると、そのきれいな水は、ガラスよりも水素よりもすきとおって、ときどき眼の加減か、ちらちら紫いろのこまかな波をたてたり、虹のようにぎらっと光ったりしながら、声もなくどんどん流れて行き、野原にはあっちにもこっちにも、燐光《りんこう》の三角標が、うつくしく立っていたのです。遠いものは小さく、近いものは大きく、遠いものは橙《だいだい》や黄いろではっきりし、近いものは青白く少しかすんで、或いは三角形、或いは四辺形、あるいは電《いなずま》や鎖の形、さまざまにならんで、野原いっぱい光っているのでした。ジョバンニは、まるでどきどきして、頭をやけに振りました。するとほんとうに、そのきれいな野原中の青や橙や、いろいろかがやく三角標も、てんでに息をつくように、ちらちらゆれたり顫《ふる》えたりしました。

「さらさら」「こつこつ」という擬音語にはじまり、「はっきり」しなかったものが「はっきり」する過程で、「だんだん」「どんどん」というオノマトペが加速感を与え、「ちらちら」「ぎらっ」という視覚的なオノマトペが描写を彩ります。そして、「はっきり」したあとに、ジョバンニが「どきどき」して首を振ると、野原いっぱいに光る三角標が「ちらちら」ゆれたりふるえたりする様子が描かれます。ジョバンニが子どもらしく無邪気にはしゃぐ様子がオノマトペに表れています。

私たちも自分の体験を、臨場感とともに伝えたくなるときがあります。たとえば、おいしいものを食べたとき、SNSにアップしたくなります。

和食の名店で、おいしいエビフライを食べたときの感動を文章にしてみました。①〜⑨に当てはまるオノマトペを考えて入れてください。

・職人さんがパン粉をまぶした車海老を油のなかに［　①　］と入れる。［　②　］という音を立てたかと思うと、［　③　］衣がきつね色に。目の前で［　④　］と揚げたエビフライ。［　⑤　］のところを早速いただく。一口噛むと、［　⑥　］とした衣の歯ごたえに、［　⑦　］とした身の食感が絶妙のハーモニーを奏でる。その切り口からは［　⑧　］湯気が上がって、お口のなかも［　⑨　］。これならいくつでも食べてしまいそう。

私が考えた答えは、次のとおりです。答えはいろいろあってよいと思いますので、あくまで解答例としてご覧ください。

・職人さんがパン粉をまぶした車海老を油のなかに①さっと入れる。②ジュッという音を立てたかと思うと、③みるみる衣がきつね色に。目の前で④カラッと揚げたエビフライ。⑤あつあつのところを早速いただく。一口噛むと、⑥サクッとした衣の歯ごたえに、⑦プリッとした身の食感が絶妙のハーモニーを奏でる。その切り口からは⑧ほかほか湯気が上がって、お口のなかも⑨ほっくほく。これならいくつでも食べてしまいそう。

①には、職人さんの熟練の手さばき、行動の素早さを表すために「さっ」を入れました。

②には、高温の油に海老の入る音を表すのに「ジュッ」を入れました。①との相性も意識しています。

③には、衣の色の急激な変化を表すために「みるみる」を入れ、④には、エビフライがおいしく揚がった感じを出すために「カラッ」を入れました。

⑤には、オノマトペかどうか微妙ですが、温度の高さを表すために「あつあつ」を入れました。「ゆるい」から「ゆるゆる」ができるように、「あつい」から「あつあつ」が生まれます。形容詞の語感を活かしたオノマトペです。

⑥には、衣のおいしそうな歯ごたえを表すために、「サクッ」を入れました。「ざくっ」というのも考えられそうです。⑦には、「サクッ」に合うオノマトペを入れたいところで、「プリッ」がよいでしょう。

⑧には、「ほかほか」が入りそうです。⑨に合わせる意味で、「ほくほく」でもよいでしょう。⑨には、「ほっくほく」を入れてみました。「ほくほく」や、⑧に合わせた「ほかほか」「ほっかほか」もありそうです。

日本語はオノマトペの宝庫であり、日本語の感覚表現を華やかに彩っています。四千五百語ものオノマトペを掲載する辞典（小野編二〇〇七）が編まれるほどであり、ファッション誌などでは、そこにない新たなオノマトペが日々生みだされています（赫二〇一六）。読者の感覚に訴えられるかどうかは、その場の雰囲気やディテールをリアルかつ鮮やかに再現する適切なオノマトペを選べるかどうかにかかっているとさえいえるのです。

（十）相手の気持ちに配慮する

敬語の使い方

語彙の質を高める方法の第十は、「相手の気持ちに配慮する」です。相手の気持ちに配慮するときに重要なのが敬語の使い方です。

敬語の基本を簡単におさらいしておきましょう。敬語は通常、文に登場する人物に使う素材敬語、聞き手に使う対者敬語に分かれます。

対者敬語は、常体にたいする敬体、いわゆるデスマスのことですので、説明は不要でしょう。一方、素材敬語は尊敬語と謙譲語に分かれます。動詞の素材敬語を考えると、行為の主体、すなわち主語にたいして敬意を示すのが尊敬語、また、行為の対象、すなわち主語以外にたいして敬意を示すのが謙譲語です。

次の例では「召しあがる」が尊敬語、「いただく」が謙譲語です。

・お客さまがお食事を召しあがる。（尊敬語）
・お客さまのまえでお食事をいただく。（謙譲語）

動詞を尊敬語にする方法は三通りです。「食べる」を例に取ると、①「お食べになる」という形にする（「お～になる」）、②「食べられる」という形にする（「～れる／られる」）、③「召しあがる」という形にする（特殊な語）の三通りになります。

一方、動詞を謙譲語にする方法は二通りです。やはり「食べる」を例に取ると、①「お食べする」という形にする（「お～する」、「食べる」の場合は実際には使われません）、②「いただく」という形にする（特殊な語）の二通りになります。

本書はあくまで語彙の本ですので、尊敬語、謙譲語それぞれの特殊な語を考えてみましょう。特殊な語は、よく使われる動詞にしかないのですが、特殊な語があるものの場合、そちらを使ったほうが洗練された印象が出ますので、憶えておくと便利です。

次の動詞について、尊敬語、謙譲語それぞれの特殊な語を考えてみてください。

①飲む　②行く　③来る
④訪問する　⑤する　⑥いる
⑦言う　⑧見る　⑨聞く（謙譲語のみ）
⑩察する（謙譲語のみ）　⑪知る　⑫わかる（謙譲語のみ）
⑬あげる（謙譲語のみ）　⑭もらう（謙譲語のみ）　⑮くれる（尊敬語のみ）
⑯受ける（謙譲語のみ）　⑰受け取る　⑱寝る（尊敬語のみ）
⑲住む（尊敬語のみ）　⑳着る（尊敬語のみ）　㉑買う（尊敬語のみ）

① 「飲む」は「食べる」と同じで、尊敬語が「召しあがる」、謙譲語が「いただく」です。

②～④は往来動詞です。②「行く」は尊敬語が「いらっしゃる」、謙譲語が「うかがう」「まいる」です。「去る」「帰る」に近い意味ならば、「失礼する」も使えます。③「来る」も「行く」とほぼ同じですが、「いらっしゃる」以外にも尊敬語に「お出《い》でになる」「お見えになる」「お越しになる」が使え、レパートリーが豊富です。④「訪問する」は「来る」とほぼ同じですが、謙譲語にさらに「お邪魔する」が使えます。

⑤～⑦は基本的な動詞です。⑤「する」は尊敬語が「なさる」、謙譲語が「いたす」です。⑥「いる」は尊敬語が「いらっしゃる」、謙譲語が「おる」です。⑦「言う」は尊敬語が「おっしゃる」、謙譲語が「申す」「申しあげる」です。

⑧～⑫は認識動詞です。⑧「見る」は尊敬語が「ご覧になる」、謙譲語が「拝見する」です。⑨「聞く」は謙譲語が「うかがう」「拝聴する」、⑩「察する」は謙譲語が「拝察する」です。⑪「知る」は尊敬語が「ご存じだ」、謙譲語が「存じる」「存じあげる」です。⑫「わかる」は謙譲語が「かしこまる」「承知する」です。「了解する」が癖になっている人もいますが、多少失礼に響きます。「了解しました」よりも、「かしこまりました」「承知しました」がおすすめです。

⑬～⑰は授受動詞です。⑬「あげる」は謙譲語が「差しあげる」、⑭「もらう」は謙譲語が

「いただく」、⑮「くれる」は尊敬語が「くださる」です。⑯「受ける」は注文などを受ける場合、謙譲語が「うけたまわる」です。⑰「受け取る」は「確認のうえお受け取りください」の意味で尊敬語が「ご査収ください」の形でよく使われます。謙譲語は「拝受する」です。⑱〜㉑は尊敬語のみの動詞群です。⑱「寝る」は尊敬語が「お休みになる」、⑲「住む」は尊敬語が「お住まいになる」です。「お住みになる」というのはあまり使いません。ショッピングの場面で店員さんがよく使う、⑳「着る」の尊敬語は「お召しになる」、㉑「買う」の尊敬語は「お求めになる」です。

なかなか複雑ですが、尊敬語と謙譲語の語彙をこれだけ体系的に知っている人はほとんどいません。すべてマスターすれば、できる大人の言葉遣いに近づけます。

上から目線の敬語

敬語は使っていても、使い方が不適切で、上から目線になってしまうことがあります。上から目線は読み手にもすぐに伝わり、不快感の原因になります。次の例を見比べてください。

・うちの社の者の対応が不十分で、ほんとうに｛ごめんなさい／すみません｝。

・うちの社の者の対応が不十分で、まことに｛申しわけありません｝。
・うちの社の者の対応が不十分で、まことに｛失礼しました／遺憾です／残念です｝。

「ごめんなさい」「すみません」「申しわけありません」は、あらたまり度にこそ差がありますが、いずれもお詫《わ》びの表現です。このなかでは「申しわけありません」がもっとも丁寧で、「すみません」が多少丁寧さが薄れ、「ごめんなさい」はややぞんざいですが、それでも、どれも自分の責任で正面から謝ろうという姿勢があります。

ところが、「失礼しました」「遺憾です」「残念です」は、お詫びかどうかは判断が分かれるでしょう。「失礼しました」がもっともお詫びに近いのですが、相手に迷惑をかけたことを謝っているだけで、自分に責任を感じているかどうかは微妙です。「遺憾です」「残念です」だとさらに怪しくなります。迷惑をかけた事実は認めつつも、それにたいして謝ってすらいません。責任逃れの感が強く、これでは相手が気分を害してしまうでしょう。

したがって、きちんと謝罪したいときに、「失礼しました」「遺憾です」「残念です」は避けたほうが賢明です。言葉こそ丁寧ですが、心からの謝罪になりにくく、かえって相手に不快感を与えるおそれがあるからです。

また、メーリングリストで、同意を求められることもあります。こちらも次の例を見比べてみてください。

・ご提案の内容に｛賛成です／同意します／異存ありません｝。
・ご提案の内容で｛結構です／かまいません／よろしいです｝。

「賛成です」「同意します」「異存ありません」は相手にたいする積極的な賛意を表します。提案の内容をまとめた相手にたいする敬意も、ここに含まれていると見ることができるでしょう。

一方、「結構です」「かまいません」「よろしいです」というのは「問題ない」という評価を含みます。この評価という視点に、上から目線が含まれるのです。対等な立場でこのように書かれたら、カチンと来る人もいるでしょう。

一見敬語風でも、上から目線が入ることがありますので、注意が必要です。

るということです。

慇懃無礼な敬語

慇懃無礼《いんぎんぶれい》という表現をご存じでしょうか。丁寧な言葉を使うからこそ、かえって失礼になるということです。

三・一一のときに問題になった表現に、東京電力の「ご被害者のみなさまへ」があります。この表現が、原発の事故で被害を受けた方々の怒りに油を注ぐことになりました。言葉だけ丁寧にすればうまくいくというわけではないのが、敬語の難しいところです。

私の研究室には大学院生がたくさんいるので、大学院生が書いた論文を年中チェックしているのですが、その論文に「玉稿」という語を使ったところ、学生たちに嫌がられました。私のほうに他意はなく、学生たちの実力を評価して、ほめるつもりでそう書いていたのですが、学生たちにとっては「嫌味」か「皮肉」にしか聞こえないのだそうです。

言葉は丁寧だけれども、有無を言わせない一方的な要求も慇懃無礼になりがちです。「ご理解・ご協力のほど、よろしくお願いします」と言われ、ほんとうは「理解」も「協力」もしたくないのに、と思うことはないでしょうか。「事情ご賢察のほど、よろしくお願いします」と言われ、自分はそうした事情を察するほど賢くはない、と感じることはないでしょうか。「ご了承いただけますよう、よろしくお願いします」と言われ、「了承できない」と思うのは私だけでしょうか。「そうしたご要望にはお応えしかねます」と言われたとき、それならば、「そうしたご要望にはお応えできません。すみません」とはっきり断ってもらったほうがかえってすっきりするのに、という気にならないでしょうか。

最終的には先方の自己都合の押し付けなのに、言葉の形だけ体裁を整えられると、読み手には慇懃無礼に感じられてしまいます。

敬語の過剰使用も問題になります。「おっしゃられます」や「お出でになられます」のような二重敬語ならばまだしも、「お召しあがりになられます」や「お辞めになられていらっしゃいます」のような三重敬語はさすがにやりすぎでしょう。下手をすると、皮肉になりかねません。

また、「謙譲語＋尊敬語」の敬語は、丁寧さを装っているようで、「謙譲語」によって相手の行為を低めてしまうため、馬鹿にしていると受け取られるおそれがあります。「いただかれる」「参られる」「拝見なさる」などがそのパターンです。

もう一つ、「ご」のつく名詞にも注意が必要です。

相手が書いた「ご返事」はよくても、自分が書いた「ご返事」はおかしいかも、と思ったことはありませんか。

じつは、これ自体はおかしくありません。相手が受け取る「ご返事」であり、「ご返事する」の「ご返事」なので、自然です。「ご提案」「ご説明」「ご紹介」「ご案内」「ご報告」「ご確認」「ご相談」「ご連絡」「ご返信」などは、相手が行為者の場合も、自分が行為者の場合もいずれも使用可能です。

ところが、「ご検討」「ご協議」「ご都合」「ご予定」「ご教示」「ご指導」「ご要望」「ご要請」などは、相手の行為には使えますが、自分の行為には使えません。「ご検討」「ご協議」「ご都合」「ご予定」のように、相手と関わりなく、自分たちのなかだけで行為が完結する場合は、「ご」はつけにくいのです。それが、「私どもでご検討の結果」「私のご都合」などがおかしい理由です。

また、「ご教示」「ご指導」は、そもそも立場が上の人がする行為ですので、自分の行動を「ご教示」「ご指導」とは言いにくいですし、「ご要望」「ご要請」の場合は、相手に不利益を押しつけることになるので、やはり自分の行動を「ご要望」「ご要請」とは言いにくいように感じます。

このように敬語は、ルールを憶えたうえで、上から目線にならないように、慇懃無礼にならないように語を選択することが大切です。

（十二）心に届く言葉を選択する

対立候補を並立する

語彙力を高めることを目的として、ここまでさまざまな方法をご紹介してきましたが、とうとう最終項目を迎えました。語彙の質を高める最後の方法として紹介するのは、「心に届く言葉を選択する」です。

しかしながら、心に届く言葉を確実に選択する方法など、存在しません。第三章をとおして見てきたように、語彙の精度を高め、ぴったりした言葉を選ぶのは、ほんとうに困難な作業です。

ところが、この困難な作業を逆用する方法があります。そこに入ってもおかしくない言葉を並べて見せる方法です。

二〇〇〇年代の阪神タイガースの黄金期を支えた選手に、扇の要《かなめ》として活躍したキャッチャーの矢野燿大《あきひろ》、代打の神様として知られた関本賢太郎という二人の選手がいました。矢野選手が先に引退し、その後、関本選手が引退しました。次の文章は、辞めることが先に決まった矢野選手にたいする関本選手の思いを綴《つづ》った文章です。

チーム内から相次ぐ惜別、ねぎらいの言葉。でも、この男は少しだけ違う。試合前の打撃練習を終えた関本が、大きなため息をつきながらこうつぶやいた。

「ファンの人と同じ思いですよ。『やめないで』って…」

前日の夜に、矢野本人からメールが届いた。覚悟していたこととはいえ、ショックで眠れなかったという。

休日には一緒に釣りに出掛けるなど、プライベートでも親交が深かった師弟コンビ。「僕の中には二人の矢野燿大がいるんですよ」とヤツは言う。「矢野さん」と「矢野選手」。時には矢野選手を心の底から尊敬し、時には矢野さんを実の兄のように慕っていた。ベンチで二人笑い合う光景。それはオレら記者にとっても、日々の取材の中で当たり前のようにある景色だった。

「寂しいじゃなくて…『悲しい』ですね」

猛虎の黄金期を支えた男の引退。確かに寂しいというより、悲しい。
（松下雄一郎「トラ番二五時コラム」『デイリースポーツ』）

チームのなかで、引退する矢野選手にかけられるのは「惜別やねぎらいの言葉」ですが、関本選手の思いは違っていました。それはファンの人と同じ思いである「やめないで」でした。

また、関本選手のなかには二人の矢野燿大がいるといいます。一人は、野球選手として心から尊敬する「矢野選手」、もう一人は、プライベートをふくめて兄のように慕っている「矢野さん」です。

そして、関本選手は最後に「寂しい」と「悲しい」を並べて終えます。残された者が振り返って感じる「寂しさ」ではなく、大切な人が失われるまさにその瞬間に感じる「悲しさ」が関本選手の心を支配しているわけです。

「寂しい」人は「惜別やねぎらいの言葉」をかけられますが、「悲しい」人はそうした言葉さえかけられません。その心にあるのは「やめないでという思い」だけです。「矢野選手」と「矢野さん」、二人の矢野燿大が心のなかに同居する関本選手は、ただひたすらに「悲しい」のです。

「惜別やねぎらいの言葉」ではなく、「やめないでという思い」、「寂しい」ではなく「悲しい」。このように、対立する言葉を並べ、打ち消しながら進む展開のなかで、言葉は力を帯びてきます。

逡巡を言葉にする

サラリーマンから将棋のプロ棋士になった人に瀬川晶司さんがいます。

将棋のプロ棋士になるためには、三段リーグと呼ばれる、年齢制限のある厳しいリーグ戦を勝ち抜かなければなりません。瀬川さんはその三段リーグでの戦いに最終的に敗れ、いったんは将棋のプロ棋士になるという夢を絶たれました。

その三段リーグの荒波にもまれ、苦労していた当時、すでにプロになった兄弟子である小野敦生《あつお》五段が声をかけてくれます。小野さんは、弟弟子である瀬川さんのことをたいへんかわいがっていました。

ウェイトレスがおずおずと、閉店の時間になったことを知らせた。すると小野さんは、妙に明るい声になって、奇妙な話を始めた。

「瀬川くん、言葉って難しいよね」

僕とは目を合わせず、下を向きながら話す小野さんは、まるでコーヒーカップに語りかけているようだった。

「たとえば、がんばれっていう言葉がある。あれは、いわれたほうはかえって困ると思うんだ。いわれなくても本人はそのつもりなんだし、いうほうは具体的にどうしろとは何もいってない。ある意味、無責任な言葉だよね。だけど、本当はいうほうもそれはわかっているんだ。もっとぴったりした日本語があればいいと思いながら、それが見つからないから、しかたなくそういうんだろうな……」

話の途中から、小野さんの気持ちは痛いほど伝わってきた。不器用《ぶきよう》な小野さんは、いままで決して僕にいわなかったことを、いま、なんとかして伝えようと、こんな回りくどいことをいっているのだ。本当はただひとこと、こういいたいのだ。

がんばれ、と。


（瀬川晶司『泣き虫しょったんの奇跡』講談社）

そうした言葉をかけてくれた小野敦生五段は、その後、三十一歳で急逝します。瀬川さんは三段リーグで敗退し、プロ棋士への登竜門である奨励会の退会を余儀なくされますが、その後、アマチュアの棋士として活躍し、並みいるプロ棋士を破り、高い勝率を上げるようになります。その結果、プロ棋士になるための編入試験が例外的に認められ、その試験で見事に勝利を収め、小野五段の遺志を継ぐのです。

苦境にある人に、「がんばれ」という言葉はかけてはいけないというのが現代の常識です。すでにがんばっている人にたいして、「がんばれ」は酷な言葉です。しかし、心から応援している相手が苦しんでいるとき、「がんばれ」という言葉をどうしてもかけたいときがあるのです。小野五段は逡巡《しゅんじゅん》しながら、その思いを言葉にします。そして、その逡巡のなかで、瀬川三段（当時）もその真意を汲《く》みとります。

立板に水のごとく流れでる言葉は、一見美しく見えますが、そこには力がありません。それは受け売りの言葉だからです。迷い、悩み、ためらうなかから出てくる言葉こそが、真に力のあるものになるのです。

そのことを最後に強調し、本書を締めくくりたいと思います。

あとがき

本書は、言葉について私が最近感じている、ある危機意識に基づいて書きました。その危機意識は、コラムニストの小田嶋隆氏が的確に言い当てておられるので、それを引用します（二〇一五年八月十六日のツイートより）。

インターネットの世界で「発狂」や「土人」のような過剰に強い言葉が好んで使われるのは、文字に依存する度合いの高いコミュニケーションが、インパクト至上主義に陥りがちであることを物語っているのだと思います。

言葉はどうせタダなのだから、人目を惹きつけられれば何を言ってもいい。言った者勝ちである。そんな刹那《せつな》主義が、政治の世界でも、ビジネスの世界でも、メディアやネットの世界でも横行しています。その結果、偉そうな言葉や凝った言葉、威勢のいい言葉が巷《ちまた》に溢れるようになりました。現実世界の反映であるはずの言葉が現実世界をねじ曲げ、言葉だけが過剰なインフレに陥っている状況に、不安を覚えざるをえません。

本書は、一見そうした風潮に加担するものに見えるかもしれませんが、実際はその逆です。そのことは本書、とくに第三章を注意深くお読みになった読者にはおわかりになるでしょう。「はじめに」でお示ししたように、本書が考える語彙力は次の等式で示されます。

語彙力＝語彙の量（豊富な語彙知識）×語彙の質（精度の高い語彙運用）

「語彙の量」については第二章に、「語彙の質」については第三章にそれぞれ示しましたが、筆者である私がどちらを重要視しているかというと、「語彙の質」です。「語彙の質」は、読者の心に届くかどうかという定規で測られます。だとすると、偉そうな言葉も凝った言葉も、威勢のいい言葉も必要ありません。ごくふつうの地味な言葉で十分です。

読者の心に届く言葉にするためのコツは、文脈に合った等身大の言葉選びをすること。それに尽きます。読者の想定する文脈に沿った言葉が選ばれていれば、それで言葉は確実に読み手の心に届きます。奇をてらう必要はないのです。

本書は、

①言葉の形に価値があるという「信仰」
②言葉の形を変えれば中身まで立派になるという「幻想」
③目を惹く表現を生みだせば偉くなれるという「風潮」

という、言葉をめぐる現代社会の病と戦うために書きました。

無理な背伸びをせず、文脈に合った言葉を選ぶだけでよい。変に着飾らず、シンプルな言葉を選ぶだけでよい。言葉の形を強く意識させることを目指すのは素人の発想であり、言葉の形を意識させずに内容がすっと頭に入ってくる言葉選びを目指すのがプロの発想です。

ところが、この単純で、当たり前のことが難しいのです。私自身もいつもその壁に跳ね返され、試行錯誤をしています。本書をつうじてこの難しさを読者のみなさまと共有できたたなら、本書の目的の大半は達せられています。

本書の原稿は、柏野和佳子さん（国立国語研究所）に読んでいただきました。柏野さんは語彙論の専門家であるだけでなく、研究所やその近隣の小学校で辞書の引き方を教えておられます。もし、本書が専門的な水準を保ちつつ、かつ、わかりやすいものになっているとしたら、それは柏野さんのおかげです。

また、本書の刊行にさいして、光文社新書編集部の草薙麻友子さんにお世話になりました。草薙さんとは、これで四冊目のコラボになります。これまでの三冊ともっとも違う点は、原稿を長くお待たせしてしまったことです。前三作以上に辛抱強く、温かく見守ってくださったことに心から感謝申しあげます。

本書の真の目的が、読者のみなさまの心に届くことを願いつつ、筆を擱《お》かせていただきます。最後までお読みくださり、ありがとうございました。

二〇一六年四月　SDG

石黒　圭

参考文献

飯間浩明（二〇一四）『辞書には載らなかった不採用語辞典』ＰＨＰ研究所
石黒圭（二〇一三）『やさしい日本語』と文章の理解──背景知識の重要性──」『「やさしい日本語」は何を目指すか 多文化共生社会を実現するために』ココ出版
石黒圭（二〇一六）「日本語教育専攻大学院留学生のための語彙シラバス」『ニーズを踏まえた語彙シラバス』くろしお出版
石野博史（一九八九）「外来語」『講座日本語と日本語教育（六） 日本語の語彙・意味（上）』明治書院
糸井重里監修、ほぼ日刊イトイ新聞編（二〇〇五）『オトナ語の謎。』新潮文庫
今村和宏（二〇一四）「社会科学系基礎文献における分野別語彙、共通語彙、学術共通語彙の特定──定量的基準と教育現場の視点の統合──」『専門日本語教育研究』一六、専門

日本語教育学会
小野正弘編（二〇〇七）『日本語オノマトペ辞典』小学館
赫楊（二〇一六）「若者向けファッション誌と大人向けファッション誌におけるオノマトペ使用上の差異」『表現研究』一〇三、表現学会
勝田耕起（二〇一二）「将棋の用語——気づかない位相語とその用法の成立——」『フェリス女学院大学文学部紀要』四七
金田一春彦（一九八八）『日本語　新版（上）』岩波新書
窪薗晴夫（二〇〇二）『もっと知りたい！日本語　新語はこうして作られる』岩波書店
佐野彩子（二〇一六）「ビジネス分野における外来語『リスク』に関する一考察——企業の年次報告書を分析対象として——」『一橋日本語教育研究』四、ココ出版
篠崎晃一、毎日新聞社（二〇〇八）『出身地《イナカ》がわかる！気づかない方言』毎日新聞社
田中克彦（一九八一）『ことばと国家』岩波新書
田中ゆかり（二〇一一）『「方言コスプレ」の時代——ニセ関西弁から龍馬語まで——』岩波書店
陳力衛（二〇一一）「第六章　ことばの変遷」『図解　日本語の語彙』三省堂

中川正之（二〇〇五）『もっと知りたい！日本語　漢語からみえる世界と世間』岩波書店
中村明（二〇一〇）『日本語　語感の辞典』岩波書店
藤原未雪（二〇一六）「中国語を母語とする上級日本語学習者が学術論文を読むときの困難点――名詞の誤った理解を中心に――」『日本語／日本語教育研究』七、ココ出版
三井はるみ（二〇一三）「リレー連載　おくにことばの底力！　第六回　首都圏の方言よりズルコミ？　ヨコハイリ？――首都圏のことばの地域差――」『ＷＥＢ国語教室』大修館国語情報室（http://www.taishukan.co.jp/kokugo/webkoku/relay002_06.html）
宮島達夫（一九九四）『語彙論研究』むぎ書房
三輪卓爾（一九七七）「外行語の昨日と今日――海を渡った日本語――」『言語生活』三一二、筑摩書房
山田進（二〇一二）「『ゲットする』と『タッチする』――外来語動詞の新用法――」『聖心女子大学論叢』一一九

索　引

石黒圭（いしぐろけい）

1969年大阪府生まれ。神奈川県出身。国立国語研究所教授・共同利用推進センター長、総合研究大学院大学教授、一橋大学大学院言語社会研究科連携教授。一橋大学社会学部卒業。早稲田大学大学院文学研究科博士後期課程修了。博士（文学）。専門は文章論。著書に『文章は接続詞で決まる』『「読む」技術』『日本語は「空気」が決める』（以上、光文社新書）、『よくわかる文章表現の技術Ⅰ［新版］―表現・表記編―』『同Ⅱ［新版］―文章構成編―』『同Ⅲ―文法編―』『同Ⅳ―発想編―』『同Ⅴ―文体編―』（以上、明治書院）、『「予測」で読解に強くなる！』（ちくまプリマー新書）、『この1冊できちんと書ける！ 論文・レポートの基本』（日本実業出版社）など多数。

語《ご》彙《い》力《りょく》を鍛《きた》える　量《りょう》と質《しつ》を高《たか》めるトレーニング

2016年5月20日初版1刷発行
2025年4月10日　　11刷発行

著　者 ―― 石黒　圭

発行者 ―― 三宅貴久

装　幀 ―― アラン・チャン

印刷所 ―― 萩原印刷

製本所 ―― ナショナル製本

発行所 ―― 株式会社光文社
東京都文京区音羽1-16-6（〒112-8011）
https://www.kobunsha.com/

電　話 ―― 編集部03（5395）8289　書籍販売部03（5395）8116
制作部03（5395）8125

メール ―― sinsyo@kobunsha.com

 ISBN 978-4-334-03924-0

797
韓流スターと兵役
あの人は軍隊でどう生きるのか
康熙奉
ユンホ、チャンミン、ジェジュン……続々と入隊する20代の大物韓流スターたち。徴兵制のため2年近くファンの前から姿を消さざるをえない彼らの苦悩、そして兵役の日々の実態とは。
978-4-334-03900-4

798
ユダヤ人と近代美術
圀府寺 司
有史以来、離散・追放・移住・迫害を余儀なくされてきた人々は、どのようにして美術という世界と関わり、そこに自らの生を託してきたのか。これまで語られることのなかった物語。
978-4-334-03901-1

799
今を生き抜くための70年代オカルト
前田亮一
UFO、UMA、超能力、心霊写真、ピラミッド・パワー、ムー大陸、四次元……ネット時代の今の視点から、あの頃オカルトがくれた自由や情熱、戦後の日本人像を再検証する。
978-4-334-03902-8

800
電通とFIFA
サッカーに群がる男たち
田崎健太
裏金、権力闘争、ロス五輪、放映権、アフリカ票――逮捕者続出！　FIFAとサッカー界は生まれ変わるのか？　スポーツビジネスを知り尽くす電通元専務を徹底取材した問題作。
978-4-334-03903-5

801
おどろきの心理学
人生を成功に導く「無意識を整える」技術
妹尾武治
必ず好かれる方法がある!?　SNSを使った世論操作が可能!?――科学としての心理学が明らかにした、おどろきの研究結果を、気鋭の心理学者が徹底的に面白くわかりやすく解説！
978-4-334-03904-2

807
残念な警察官
内部の視点で読み解く組織の失敗学
古野まほろ

元警察官僚の作家が読み解く、日本警察史に名を遺した「四大不祥事」。単なる批判や擁護ではない分析から見えてくるものとは何か？　誰も語らなかった日本警察論！

978-4-334-03910-3

808
漢和辞典の謎
漢字の小宇宙で遊ぶ
今野真二

漢和辞典と漢字辞典は何が違うのか？　画数の多い漢字№1は？　目当ての字に辿り着けない拷問……??　こざとへんはこざるへんだった!?　時空を超えたことばの世界を大解剖！

978-4-334-03911-0

809
戦場カメラマンの仕事術
渡部陽一

ますます危険が高まる戦場取材。必ず生きて帰って「伝える」ため、著者はいかに危機管理と任務を遂行しているのか。方法論を披露。恩師ジャーナリストたちとの対談集付き。

978-4-334-03912-7

810
下流老人と幸福老人
資産がなくても幸福な人
資産があっても不幸な人
三浦展

現在の日本の下流社会的状況の中から、65歳以上の高齢者の下流化の状況を分析するとともに、お金はないが幸福な老人になる条件は何かを考える。藤野英人氏との対談を収録。

978-4-334-03913-4

811
会社の中はジレンマだらけ
現場マネジャー「決断」のトレーニング
本間浩輔　中原淳

「仕事をしないおじさんの給料はなぜ高い？」「なぜ産休の人員補充がない？」。会社のジレンマから抜け出し、決断する術を、人材開発の俊英が解き明かす。現場マネジャーを楽にする一冊。

978-4-334-03914-1

光文社新書

812
地域再生の失敗学
飯田泰之　木下斉　川崎一泰　入山章栄　林直樹　熊谷俊人

今、本当に必要なのは民間主導の地域の魅力を生かす活性化策だ！　気鋭の経済学者が、一線級の学者、事業家、政治家らと徹底議論し、怪しい政策に騙されないための考え方を示す。

978-4-334-03915-8

813
貧血大国・日本
放置されてきた国民病の原因と対策
山本佳奈

鉄は人間の体にとって極めて重要な栄養素。世界では鉄の欠乏を予防する対策がとられているが、日本は「ほぼ無策」。これまで見過ごされてきたその実態、危険性、対処法を綴る。

978-4-334-03916-5

814
年上の義務
山田玲司

「威張らない」「愚痴らない」「ご機嫌でいる」。人気漫画家が各界の有名人への取材を続ける中で導いた、この国をよくするために「大人」が果たすべきたった3つの義務を伝授！

978-4-334-03917-2

815
闇経済の怪物たち
グレービジネスでボロ儲けする人々
溝口敦

出会い系・イカサマ・仮想通貨etc. 法律スレスレの世界で、荒稼ぎする企業家たち――現代の「欲望」を糧として躍動する彼らの知られざる実態に、極道取材の第一人者が迫る！

978-4-334-03918-9

816
掃除と経営
歴史と理論から「効用」を読み解く
大森信

たかが掃除、されど掃除――。日本の名経営者たちは、なぜ掃除や整理整頓を大切にしてきたのか。歴史と最新理論から、組織における〈目には見えないけれども大切なこと〉を考察。

978-4-334-03919-6

817
広島カープ　最強のベストナイン
二宮清純

名うてのカープウォッチャーがOB・現役の中からベストナインを決定。投手は先発3人、中継ぎ・抑えを各1人、さらに監督も加え、計14人の超個性派たちの熱き言葉をレポート！

978-4-334-03920-2

818
「がん」では死なない「がん患者」
栄養障害が寿命を縮める
東口髙志

病院で栄養不良がつくられ、がん患者の大半が感染症で亡くなっている――。栄養軽視の医療に警鐘を鳴らし、がんを抱えてでも、本来の寿命まで生き切るためのヒントを教える。

978-4-334-03921-9

819
人間を磨く
人間関係が好転する「こころの技法」
田坂広志

なぜ、欠点の多い人間が好かれるのか？　なぜ、「嫌いな人」を好きになれるのか？　今すぐ実践できる「7つの技法」が、あなたの人間関係と人生を良きものへと導く。

978-4-334-03922-6

820
本物の教育
偏差値30からの京大現役合格
林純次　阪本凌也

コミュ障で、いじめられ、中学受験も失敗。そんな自分(阪本)が高校で先生(林)に出会い、京大に進んだ、学びの物語――。ベストセラー『残念な教員』の著者による、新たな教育論。

978-4-334-03923-3

821
語彙力を鍛える
量と質を高めるトレーニング
石黒圭

語彙力のある人とは、言葉の数が多いだけでなく、適切な語を選択する力がある人。脳内の辞書を豊かにし、使用可能な語を増やし、それを効果的に表現に活用する22のメソッドを伝授。

978-4-334-03924-0